AF257852

Piedras Sagradas

Piedras Sagradas

Templos, pirámides, monasterios y catedrales.
Arquitectura sagrada y lugares de poder

Juan Ignacio Cuesta Millán

PIEDRAS SAGRADAS

Fecha de publicación: Mayo 2023

Autor: © Juan Ignacio Cuesta Millán

Elaboración de textos: Santos Rodríguez

Copyright del editor de la presente edición:
© 2023 American Book Group

Copyright del editor original:
© 2023 Ediciones Nowtilus, S.L.

Fotografía de cubierta: © Patrick Poendl / Dreamstime.com

ISBN ABG: 978-1681657-89-9

Impreso en los Estados Unidos de América

«Tú quitaste las piedras,
y tú las pusiste. Tú sabras por qué.»

A Mari Cruz, a los chicos, a mi perro Duende.
A todos cuantos pueda interesar lo que aquí se dice.

ÍNDICE

Introducción

¿PIEDRAS SAGRADAS? ¿Cuántas de ellas han sido tocadas por lo divino? ¿Podría considerarse idólatras a quienes creen que en el reino mineral hay entes espirituales a los que se debe rendir culto y adoración?

La piedra es el representante genuino de la solidez, y por ende, de lo tangible, de lo que se puede tocar, coger con las manos y llevar de un lado a otro. Es una materia compacta que podemos utilizar y manipular de diversas formas según nuestros intereses. No hay duda de que fue el material con el que la Humanidad levantó sus primeros hogares y santuarios. Por tanto acompaña a lo más íntimo del hombre desde tiempos inmemoriales.

Tras salir del antro que le gestaba, cálido y protegido, el homínido era recibido por un mundo constituido en gran parte por piedras que cumplían diversas funciones. Unas servían como abrigo; otras, como utensilios; otras se transformaban en armas destinadas a la defensa o a la agresión; otras eran la losa bajo la que descansarían sus restos más tarde o más temprano, tras el último suspiro que les transportaría a un mundo distinto del físico; muchas adoptarían la forma visible de sus dioses tutelares.

Se han construido con piedras los más admirables santuarios. No por casualidad, sino porque eran materiales tangibles, abundantes, manipulables y poderosos. Lo sagrado, lo que el hombre considera por encima de sí, lo que relaciona con su condición trascendente, se manifiesta físicamente adoptando multitud de formas, para las que las piedras son el soporte en muchísimas ocasiones. Y lo van a seguir siendo en el futuro. Por esto muchas de ellas tienen carácter mágico y sagrado, tanto en su condición de materiales con los que se construyen las moradas de los dioses, como por ser receptáculos de nuestra naturaleza espiritual. Además, están repartidas por todos los rincones de la Tierra, unas en sitios recónditos y desconocidos, y otras en grandes espacios, a la vista de todos.

Algunas son de tamaño gigantesco, otras, pequeñas y discretas. Abundan las que han quedado ocultas por el tiempo, sirviéndose de la maleza, la arena transportada por el viento, o la desidia de los hombres. Otras, han sido reutilizadas multitud de veces para otros menesteres distintos de los originales. Tanto que en numerosos santuarios, tanto cristianos como de otras religiones, los altares fueron los mismos donde se adoró y rindió culto a dioses de los panteones paganos.

Encontraremos piedras sacras en cualquier sitio a donde vayamos. Por eso debemos abandonar la idea soberbia de que estamos ante simple materia, grosera e impura, y contemplarlas con el respeto debido a la sensibilidad de quienes las reconocieron. Cada una tiene una historia que contar, sobre sí misma, y sobre los hombres que las incorporaron a su vida, empleándolas de diversos modos y realizando con ellas modificaciones admirables. Y, por supuesto, también hablan acerca de la naturaleza de los grandes dioses y sus cortes, de los pequeños diosecillos, entidades y submundos,... o cualquier otro ente espiritual que se nos ocurra.

Piedras sagradas que nos acompañan desde el nacimiento a la cuna. Si no existiesen, tampoco nosotros hubiéramos existido nunca, porque, aunque resulte tan escandaloso como lo fue el descubrimiento de nuestro pasado simio, nuestra estructura es semejante a la de las piedras.

Juan Ignacio Cuesta

La vida, el gran enigma

RESOLVER EL MISTERIO del origen de la vida en el planeta Tierra preocupa al hombre casi desde que evolucionó desde sus precursores simios. Los primeros seres vivientes admitidos por la ciencia son las cianofitas, unas algas azules unicelulares sin núcleo, que se arraciman formando filamentos. Aparecieron a finales de la era arqueozoica en los mares que aún estaban muy calientes, junto a otras bacterias muy simples (aproximadamente hace unos 3.500 millones de años). A pesar de ser organismos tan antiguos, siguen acompañándonos, sin casi experimentar modificaciones, en lugares tan cercanos como el agua de nuestras peceras, donde forman una telilla muy fina verde o rojiza. Gracias al aporte de oxígeno que proporciona la función clorofílica de estos organismos, la atmósfera exterior a los océanos, donde ya estaban presentes metano, amoníaco e hidrógeno, fue alcanzando la calidad adecuada para permitir la aparición de vida diversificada. Los rayos de las permanentes tormentas fueron ionizando esta mezcla, produciendo grandes cantidades de ozono (O_3), responsable de detener los rayos ultravioleta. Gracias a esto, los organismos primitivos pudieron vivir, multiplicarse de modo exponencial y evolucionar paulatinamente hacia otras formas superiores.

En 1953, Stanley L. Miller y Harold C. Urey, investigadores de la Universidad de Chicago, realizaron un experimento que permitió comprobar esta dinámica. Recrearon las condiciones de la atmósfera primitiva en un matraz, introduciendo agua y los gases mencionados (CH_4, NH_3, H_2, O_2 y H_2O). Luego, en esta «maqueta» del caldo primigenio, hicieron saltar chispas eléctricas de alto voltaje. Al cabo de algún tiempo observaron la aparición de largas cadenas orgánicas —carbonadas— que se unían unas con otras formando aminoácidos. Cuando se juntan varios de ellos en una molécula, aparecen agrupaciones denominadas péptidos (de 1 a 5), oligopéptidos (de 5 a 10) y polipéptidos (hasta 50). Por encima de este número, ya hablamos de proteínas, biomoléculas compuestas por

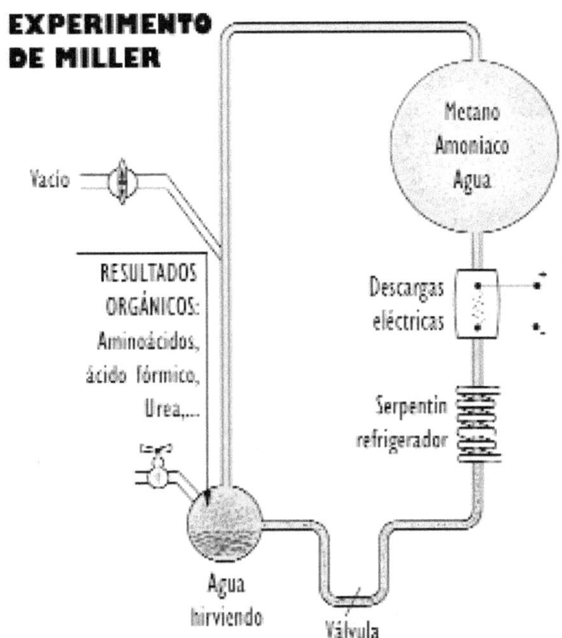

Esquema básico del experimento de Miller y Urey, buscando cómo pudo ser la génesis de la vida.

carbono, oxígeno, hidrógeno y nitrógeno. Algunos tipos pueden contener también azufre, magnesio, cobre, hierro y fósforo.

Severo Ochoa y A. Kinberg recibieron en 1959 el Premio Nobel de Fisiología y Medicina por sus descubrimientos sobre la biosíntesis de los ácidos nucléicos, relacionando directamente las proteínas con la aparición de las células destinadas a formar organismos.

En 1961, el ilerdense Juan Oró, profesor de la Universidad de Houston, defendió la teoría del origen extraterrestre de los materiales que dieron lugar a la aparición de la vida. Habrían llegado en el hielo de los cometas. Al fragmentarse y caer sobre la Tierra, y por efecto del gran calor reinante, se deshelaron y dieron lugar a la aparición de las primeras masas de agua. Estos fragmentos eran portadores de grandes cantidades de carbono y otros minerales que die-

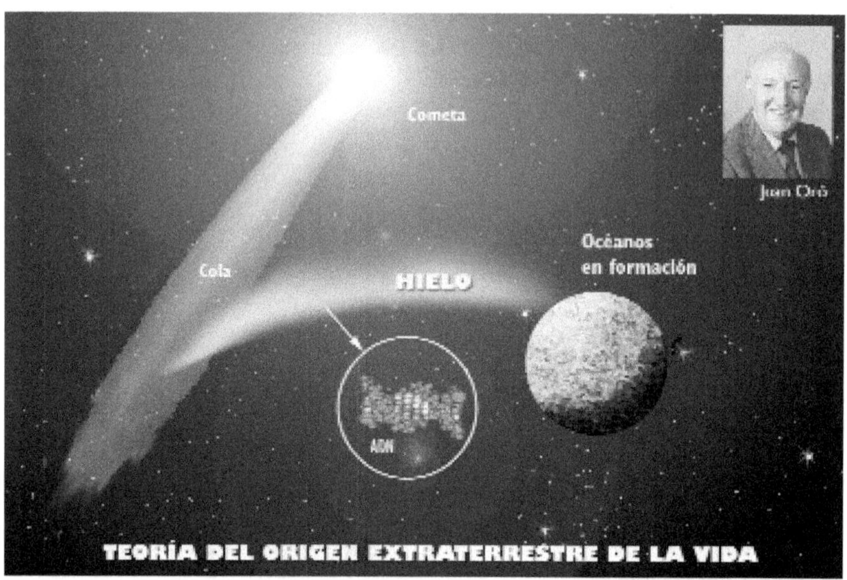

Según el biólogo español Juan Oró, profesor de la Universidad de Houston, la vida tiene origen extraterrestre. Vino en la cola de los cometas.

ron lugar a la aparición de las primeras cadenas orgánicas. Sus hipótesis se vieron confirmadas en el transcurso de sus experimentos posteriores, como la obtención de la primera síntesis prebiótica del nucleótido Adenina, a partir de cianuro e hidrógeno. Junto a Timina, Citosina y Guanina, constituyen la «biblioteca de programas» que realizan tareas necesarias para la génesis y diferenciación de los seres vivos. En efecto, los aminoácidos que aparecieron en la «Ampolla de Miller», se definían por secuencias de un trío de nucleótidos, conocidos como genes, responsables de las diferencias que se dan entre los seres vivos.

Creación, evolución y diversificación han conseguido que la Tierra, sometida a la influencia y los aportes de un universo lleno de misterios, se haya convertido en el único planeta habitado que conocemos por ahora. Son realmente los escultores, desde la era arqueozoica, de la rica multiplicidad de seres que pueblan una estrecha franja llamada biosfera. Una casa en la que sus habitantes han ido enriqueciéndose lenta y machaconamente, dotando a sus células de tareas específicas, responsables de la regulación, supervivencia y extensión de la vida. Es el denominado «código genético». El «software» —recurriendo a la jerga informática— del que se valen los organismos para perpetuarse. Sus programas tienen multitud de fragmentos; de unos conocemos la función; de la mayoría no sabemos nada y constituyen el mayor misterio que rodea al ser humano. Posiblemente ocultan la clave de la curación de muchas enfermedades que conducen al dolor y la muerte. Este conjunto de rutinas automáticas imprescindibles muestra frecuentemente un carácter frágil, inexacto, aparentemente injusto y caprichoso. Un inexorable determinismo, incomprensible y ciego. Los errores genéticos son los responsables de la fragilidad de los seres vivos, zaheridos por las debilidades que les acompañan desde el nacimiento y conducen a la muerte en un período más o menos dilatado. Los temidos procesos cancerosos que no han sido originados por causas medioambientales (trabajar con amianto, exponerse al sol excesivamente, una mala alimentación, accidentes, uso y abuso del tabaco y del alcohol, etc.) son de naturaleza degenerativa originada por un deficiente funcionamiento del sistema, tanto si hablamos de hombres como de animales y plantas, sujetos como nosotros a distintas tumoraciones.

Sin embargo, y a pesar de todo, los humanos han sido capaces de desarrollar un instrumento que ha permitido hacerles transitar de «primate feliz», a «bípedo pensante», una impresionante y desconocida herramienta: el cerebro, que no sólo es el regulador de todo, sino que proporciona al hombre consciencia de su condición de ser vivo. Curiosamente, no hay diferencia esencial entre aquel que permitió bajarse del árbol al homínido, y el que hoy ha concebido y desarrollado los ordenadores. Sin embargo sus limitaciones para interpretar y procesar correctamente la gran cantidad de mensajes que recibe por la vía de los sentidos, le han conducido frecuentemente a conclusiones erróneas.

Algunos piensan que el Paleolítico fue una Edad de Oro, la mítica Arcadia feliz en la que todo dependía de unas leyes naturales particularmente benignas. Sin embargo, nuestros abuelos estaban sometidos a una vida azarosa, e interpretaban el mundo con claves incorrectas. Las investigaciones arqueológicas y la antropología nos muestran a los hombres como una especie débil y desvalida en medio de un mundo extraordinariamente agresivo. Entendían que sus dificultades tenían su origen en entes fabulosos dotados de fuerzas negativas de carácter caprichoso e impredecible, que sólo en ocasiones actuaban positivamente. Les asignó desde el principio historias dramáticas que respondían a sus creencias, atribuyéndoles grandes poderes. Así se dio la paradoja de que los dioses, una construcción intelectual del propio hombre, terminaron por dominarle. Entonces fue necesario crear intermediarios para controlarlos; individuos singulares, llamados chamanes, brujos o sacerdotes, que se asociaron constituyendo grupos cerrados. Así nacieron dos formas distintas de relación con lo extrahumano: magia y religión.

Las cavernas fueron la primera vivienda del hombre, el primer hogar donde encontró lo imprescindible: abrigo, temperatura constante y defensa efectiva contra los depredadores que les acechaban como una presa más. En la oscuridad de sus antros es donde comenzaron a dejar huella de la experiencia de sus enfrentamientos con las fuerzas de la naturaleza y sus esfuerzos para dominarlas. Sus primeras representaciones nos hablan de los animales que era preciso cazar para satisfacer regularmente una de sus tres necesidades básicas: la de nutrición. Junto a la de perpetuación de la especie y la de supervivencia, son programas firmemente instalados en el código genético desde nuestra etapa animal. Además, la pieza

El hombre primitivo dibujó a los animales en un acto de magia simpática, buscando doblegarles mediante su representación, que adquirió caracteres sagrados. Este ejemplo es un cérvido del parque arqueológico de Villar del Humo, en la provincia de Cuenca.

cazada no sólo era alimento, sino también fuente de piezas de abrigo y de herramientas de hueso.

Podemos considerar que estas fueron las primeras deidades que trazaron aprovechando las paredes de sus santuarios para propiciar suerte y prosperidad en la caza. Con su ayuda podrían aprovisionarse, según creían, de todo lo necesario poder sobrevivir en aquel mundo lleno de peligros y carencias. Esta práctica ritual, que deposita en un dibujo el poder y el dominio, se llama *magia simpática*.

Las toscas líneas que arañaban las paredes empezaron a hacerse poco a poco más esquemáticas, y de paso constituir la prueba documental del segundo paso más importante que dieron los hombres para ser gestores y dominadores exclusivos de la creación, tras haber pasado de ser animales arborícolas a homínidos erguidos.

La abstracción, una capacidad exclusiva del ser humano para sustituir las cosas por una simple y esquemática representación sim-

**Petroglifos de herbívoros en Foz do Côa, Portugal.
Un paso en la senda de la abstracción.**

bólica, es algo genuinamente humano. Con el tiempo, estos dibujos evolucionaron hasta ser los primeros alfabetos.

Fue así como, en su incipiente inteligencia, apareció la brecha que terminó por separar a los animales del hombre: una «misteriosa necesidad de trascendencia», exclusiva de éstos.

En efecto, no se conoce en toda la naturaleza ningún ser que entierre y rinda culto a sus muertos más que el hombre (aunque algunos animales, como el elefante, aparentemente tienen alguna relación muy primitiva con el más allá, como es la existencia de un lugar donde acuden a morir cuando sienten que llega el momento).

A pesar de todo, el hombre es aparentemente el único ser vivo que ha incorporado a su existencia elementos culturales conocidos como religiones que sirven para establecer lazos entre mundos, el de lo sobrenatural e intangible y el de lo material y tangible; el de lo que puede verse con lo que no. Por cierto, también ha establecido ceremonias para invocar a entes metahumanos y obligarlos a realizar prodigios que les beneficiaran (magia blanca), o en perjuicio de sus enemigos (*goetia* o magia negra).

La muerte pasó a ser un hecho trascendental. Hubo quienes entregaban sus difuntos a las aves rapaces situándolos en oquedades excavadas al efecto en rocas, como demuestran las que existen en la localidad burgalesa de Quecedo, a unos cincuenta kilómetros de Atapuerca. En la tosquedad de su mente primitiva, debieron creer que su espíritu se incorporaba al de las aves, y así viajaba por un cielo del que procedían la luz, el agua, el fuego y el viento. Luego, arrojaban los huesos mondados a una caverna. Posteriormente algunos servían como herramientas.

Como sabemos hoy día, sobre todo gracias a los hallazgos aparecidos en las excavaciones de la llamada Sima de los Huesos, por parte del equipo dirigido por Juan Luis Arsuaga, esta especie de hombres ancestrales desapareció para dejar paso a un ser coetáneo distinto y más evolucionado, aunque físicamente más débil, el Cro-

Magnon, que empezó a inhumar a sus muertos de modo ritual, de modo aparentemente regular.

Para encontrar el lugar idóneo donde realizar sus enterramientos, se basaron en su experiencia directa en contacto con la naturaleza. Tenían entonces los sentidos tan afinados como los animales, y eran capaces de detectar la existencia de energías sutiles en ciertos lugares, capaces de ser canalizadas, a las que atribuyeron la capacidad de facilitar la comunicación con el más allá. Sin embargo las señales eran demasiado débiles, aunque desde el principio se dieron cuenta que podían ser amplificadas mediante acumuladores. Así sellaron un pacto con las piedras y erigieron dólmenes, menhires, cromlechs, taulas y túmulos, aparte de otro tipo de edificaciones destinadas a potenciar estas energías en beneficio de los difuntos, y de paso de ellos mismos. Como consecuencia se construyeron los primeros santuarios, lugares donde la muerte se asociaba a la vida a través de un soporte material que se constituía a su vez en una puerta entre mundos.

La conocida como Cultura de los campos de urnas, por ejemplo, encontró esas energías en la arcilla, así que realizaba sus enterramientos en vasijas cerámicas que tapaba con una chapa redonda en la que practicaba una abertura triangular, para que «el alma del muerto entrara y saliera cuando quisiera». Sería colocada en un lugar que pudiese

El dolmen de Bernuy-Salinero, en la provincia de Ávila.

ser reconocido fácilmente por su espíritu. Las energías presentes en la tanatópolis serían señales indicativas de la senda para regresar.

Los pueblos prerromanos utilizaron urnas cinerarias donde depositaban las cenizas de sus muertos. La Dama de Baza, encontrada en la necrópolis ibérica del Cerro del Santuario —la antigua Basti—, tiene una oquedad con esa función. La Dama de Elche, cuya autenticidad es hoy cuestionada por John F. Moffit en *El Caso de la Dama de Elche, Crónica de una leyenda* (Destino, 1995), tiene también en su espalda un hueco al efecto.

La cerámica sirvió para realizar gran número de inhumaciones. Fue la llamada Cultura de los Campos de urnas.

Una de las esculturas funerarias más misteriosas de la cultura ibérica es la conocida como Bicha de Balazote, descubierta en el paraje de Los Majuelos en fecha indeterminada. Se encuentra en el Museo Arqueológico Nacional desde 1910. Es una especie de toro con cabeza humana y barba, esculpido en un par de bloques de piedra caliza. Su origen podría ser griego y estar relacionada con las deidades de los ríos, sobre todo al más importante, el Arqueloo. Los arqueólogos opinan que muy probablemente era parte de un monumento más grande, en concreto un túmulo funerario.

Curiosamente, en aquella región se dan abundantes fenómenos extraños, que seguramente sucedían también en el pasado. Es muy popular localmente el conocido como La Luz del Pardal, que sucede en la cercana finca de La Quéjola.

Junto al río Tajo, en la frontera de las provincias de Madrid y Guadalajara hay un cerro llamado La Virgen de la Muela. En su cima están dispersos, removidos por arados y tractores, los restos de la que podría ser la vieja ciudad celtíbera de Caraca (aunque hay autores que la sitúan en Carabaña). Allí vivió una tribu de plateros, ahora enterrados en cistas formadas por lajas de yeso, cerca del río. Aquellos guerreros buscaron un auténtico lugar de poder en el que descansar cuando sus almas iniciaran el viaje hacia la morada celeste de sus dioses. Hoy día, las piquetas han profanado esas tumbas, y llevado los ajuares de plata y armas que les acompañaban al Museo Arqueológico Nacional. Es el llamado Tesorillo de Driebes. Después, abandonados los enterramientos a su suerte, han sido pasto de desalmados a quienes no ha importado destruirlos, junto a los restos que quedan de sus moradores. Hoy día son poco más que un montón de lápidas sin función definida.

Son muchos los tipos de enterramientos que el hombre ha ideado. Su denominador común: suelen estar en lugares con un aura energética sutil que la mayoría de las personas puede percibir como una sensación extraña (inquietud, sosiego, etc.).

Dos damas ibéricas, la de Guardamar, y la de Baza. Esta segunda tiene una oquedad destinada a las cenizas de alguien indeterminado. Quizá la mujer representada.

Una de las pocas tumbas que quedan en la necrópolis ibérica de la Virgen de la Muela, junto al río Tajo.
Una vez extrajeron los ajuares de plata, las dejaron a su suerte.

Cívica, Brihuega, Guadalajara.

LO MÁGICO Y LO SAGRADO

JANO FUE ELEVADO A LA CONDICIÓN DE DIOS del panteón romano por el mítico Numa Pompilio (715 a 673 a.C.), segundo emperador de Roma. Es el protector de acciones, transformaciones, periodos, ciclos o cualquier cosa que signifique un cambio o un comienzo. Tiene a su cargo la custodia de las puertas, tanto las simbólicas como las reales. Está inspirado en la figura de Ianus, legendario rey latino del Lacio. Julio César reformó el calendario existente en el año 47 a.C., y estableció el conocido como Juliano. En él decretó que el primer mes del año llevaría el nombre de *Januarius* (enero). Las puertas de su templo, llamado el de «la Paz» permanecían cerradas en tiempo de guerra y abiertas en tiempo de paz.

Los llamados *collegia fabrorum* (agrupaciones de constructores y artesanos creadas en tiempos del mencionado Numa), herederos de la tradición simbólica etrusca, le adoptaron como protector y guía. Jano, «el Bifronte»; el que mira hacia la luz y a la oscuridad a la vez, el que contempla la inmensidad del mundo en su totalidad; está íntimamente relacionado con los ritos de iniciación a los misterios, de tránsito de la ignorancia a la sabiduría. Le dedicaban dos fiestas al año coincidiendo con ambos solsticios, simbolizando las dos puertas que representaban las vías celeste e infernal (*Janua Coeli y Janua Inferni*). O sea, los accesos a dos tipos de conocimiento, los revelados por las potencias superiores, y los custodiados por las inferiores. Fenómenos físicos empíricos interpretados a la luz del espíritu.

Antes de entrar en temas más profundos será conveniente conocer algo más sobre este Caronte del conocimiento, y sobre su evolución icónica una vez cristianizado el Imperio Romano. En efecto, las imágenes cambian en la Edad Media para mostrar otros aspectos del dios, que experimenta dos transformaciones, una derivada de su adaptación a la nueva religión y otra que tiende al laicismo. En el «mensario» (representación de los meses), de la iglesia de San Isidoro de León, es una figura togada con dos caras que se sitúa

Jano Bifronte, enero, dios de los iniciados que buscan la verdad en lo que no está a simple vista. Padre del año nuevo y enterrador del que ha terminado.

Un dios de dos caras, al que los romanos llamaban Ianus inter portas.

entre dos puertas correspondientes a sendos edificios; abriendo una y cerrando otra. En las *Etimologías*, escritas por San Isidoro de Sevilla alrededor del año 620, inspiradas por San Braulio y dedicadas al rey visigodo Sisebuto, podemos leer el siguiente texto: *unde et bifrons idem Janus pingitur, ut introitus anni et exitus demonstraretur* (en cualquier lugar donde esté pintado Jano, te mostrará la entrada y salida del año —pasado y futuro—. Como vemos, aún conserva un cierto aire romano.

Sin embargo, las representaciones altomedievales posteriores le desacralizan, acercándole más a lo doméstico. La imagen evoluciona, mostrando un viejo calentádose junto a un hogar, añadiendo símbolos que hacen referencia a las características estacionales. El más antiguo es un *Jano* que alza las manos sobre el fuego en Saint-

Mesmin. En España, uno de los mejor conservados forma parte del «mensario» de la Iglesia de San Miguel en Beleña de Sorbe, donde representa a febrero, que en tierras de Guadalajara es el que suele ser más riguroso en invierno.

Pero el más bello de todos fue esculpido en el siglo XII por Benedetto Antelami, y forma ahora parte de la decoración del Baptisterio de Parma. Se trata de una figura bicéfala, una de cuyas cabezas nace en la espalda. Es de menor tamaño y está en oposición a la más grande. A diferencia de Beleña, donde vemos un hombre matando un cerdo, representa a enero. Algunas figuras están acompañadas con su correspondiente signo del zodíaco, en otras se ha perdido.

El mensario de Beleña de Sorbe es uno de los mejor conservados. Muestra las labores de los meses del año, siguiendo la tradición latina de su representación.

También podemos encontrarle en la literatura de la época. Juan Ruiz, más conocido como el Arcipreste de Hita, en el *Libro de Buen Amor* (estrofas 1276-1277), nos describe a un dios jocoso y pantagruélico, dedicando el tiempo obligadamente improductivo de los meses rigurosos a alimentarse glotonamente en espera de la primavera. Contradice ya claramente al ciclo romano.

Este enigmático autor de la incipiente literatura en lengua castellana, se inspiraría también en el mencionado y cercano «mensario» de Beleña de Sorbe para crear una alegoría dedicada a los doce meses y sus labores agrícolas propias (cultura), según Manuel Criado del Val.

Representación de Jano en el calendario de Benedetto Antelami, en el Baptisterio de Parma. Sus dos cabezas son de distinto tamaño.

31

Se incluyen alusiones a los ciclos astronómico y astrológico, regidos tradicionalmente por el dios de las dos cabezas que se sitúa en medio de los ciclos ascendente y descendente del año (estrofas 1067 a 1314).

Hay que indicar aquí que en el mundo romano el término cultura, que tiene la misma raíz que culto, significa el conocimiento de cómo se realizaban las labores agrarias durante el año. Incluso en el diccionario de la Real Academia Española, la primera acepción del término es cultivo). No sólo estaban regidas sus técnicas y misterios por Jano, sino también por Ceres, Cibeles o Isis, los tres nombres que recibe la diosa del proceso agrícola —de ahí el término cereales—, de la que Fulcanelli afirma ser la madre de toda las cosas y entre ellas la sabiduría hermética. La revelación de sus secretos a los profanos era castigada con la muerte.

El dios conserva su carácter sacro al ser asimilado posteriormente por el cristianismo, incorporando parte de su simbolismo a las figuras de San Juan Bautista y San Juan Evangelista (Jano es la raíz de Juan), cuyas fiestas se celebran coincidiendo prácticamente con los solsticios (27 de diciembre y 24 de junio).

En el primer caso, la fiesta está dedicada a su nacimiento, o sea, el del que permite el «nacimiento» a la luz de los neófitos mediante un rito lustral de purificación. Posteriormente se incorporará al panteón particular de diversos grupos: Templarios, Gnósticos, Cátaros, Masones..., a la vez que será una figura fundamental para la Alquimia. Como consecuencia es el precursor —el que precede—. Según el *Nuevo Testamento*, tiene la función de ser el ministro encargado de impartir el bautismo, tanto sacramento, como rito iniciático, imprescindible para el crecimiento espiritual del adepto.

El otro San Juan (en hebreo Hanan), el «discípulo más amado», es el autor del cuarto Evangelio. Su contenido difiere del de los tres sinópticos, más centrados en la vida de Jesucristo, sus hechos y milagros. Es, por tanto, el más cercano al esoterismo de los cuatro.

San Juan Bautista y San Juan Evangelista. Francisco Ribalta (1565-1528). Museo de Bellas Artes de Valencia.

También es autor del *Apocalipsis*, el compendio alegórico-profético más importante del *Nuevo Testamento*. Su símbolo es el águila, que significa elevación y espiritualidad. Es el ave solar, que representa al iniciado que se eleva desde la ignorancia hasta el conocimiento, por tanto también significa sabiduría y conocimiento espiritual.

Hay algo más que una coincidencia fonética entre las palabras Jano, Juan, Hanan, Djin, Gnosis, Jina, Yana, Ying-Yang. Todas remiten a aspectos relacionados con la sabiduría o la iniciación en misterios mediante los «rites de passage». Este concepto nace del estudio de las ceremonias de cambio de estado en las sociedades primitivas. Se utiliza desde que el folclorista y antropólogo alemán Arnold Kurr-Van Gennepp publicara en 1909 el magnífico libro que se titula así. Dada la lejanía geográfica entre ámbitos de uso de estas palabras, quizá estamos hablando de flujos de conocimiento no descritos por los investigadores, pero existentes.

Jano simboliza también dualidad y complementariedad entre contrarios. En algunas ilustraciones aparece, no sólo con dos rostros o cabezas, sino que uno es masculino y el otro femenino. Es el andrógino del que nos habla la alquimia, un ser perfecto que conjuga perfectamente ambos sexos, al igual que Abraxas compendia en sí mismo tanto el bien como el mal. Es la meta del hombre que pone su voluntad y facultades al servicio de la Gran Obra: transmutar la materia para a fin de conseguir purificarla hasta divinizarla.

Mientras, el adepto, simbolizado por un águila (como San Juan), asciende a una altura desde la que puede contemplar el pasado y el futuro simultáneamente y alcanza el estado de ser andrógino, asexuado, angélico.

Entonces el verdadero significado de la simbología del dios bifronte se manifiesta en él. Jano es el propio adepto y recibe los poderes que le confiere su condición de maestro conocedor de los misterios del mundo, y el acceso al domino de las entidades espiri-

Algunas representaciones de operaciones alquímicas hacen referencia a la dualidad masculino femenina, o sea, la unión de dos elementos para que aparezca un andrógino por mutación.

tuales menores (magia, *goetia*). Por un lado entra a su servicio toda una legión de seres fabulosos, dotados de poder sobre las fuerzas de la naturaleza, y por otro recibe el conocimiento secreto de los superiores que dirigen las leyes del universo.

Dos caras de la misma moneda, una de ellas la búsqueda en el interior de la Tierra de las energías perceptibles e imperceptibles, para dominarlas y ponerlas a su servicio con la intermediación de objetos a los que se dota de poder: piedras, minerales, sustancias químicas que provocan transmutaciones, talismanes, etc. La otra cara, acumular la energía espiritual necesaria para que el adepto entre en contacto con su creador o creadores, a su vez preceptores. Hay conocimientos que sólo están al alcance de quienes renuncian a todo cuanto no sea la búsqueda del ser supremo al que, según la Biblia, se parecen por su voluntad: *Y creó Dios al hombre a su imagen y semejanza. (Génesis, 1:26).*

En la obra de René Guenón (cap. XXXVII), leemos: «Como las puertas solsticiales dan acceso, según hemos dicho anteriormente, a las dos mitades, ascendente y descendente del ciclo zodiacal, que en ellas tiene sus puntos de partida respectivos, Jano, a quien ya hemos visto aparecer como El Señor del triple tiempo (el Shiva del hinduismo) es también según lo dicho El Señor de las dos vías, derecha e izquierda, que los pitagóricos representaban con una Y, idénticas al deva-yâna y al pitr-yâna, respectivamente. Es fácil comprender así que las llaves de Jano son en realidad las mismas que en tradición cristiana abren y cierran el Reino de los Cielos. Ambas, una de oro y otra de plata, eran las custodias de los grandes misterios y los pequeños misterios».

Estos últimos son los ritos, formulaciones y conocimientos mágicos. La Real Academia Española de la Lengua define magia como: «Arte o ciencia oculta con que se pretende producir, valiéndose de ciertos actos o palabras, o con la intervención de seres imaginables, resultados contrarios a las leyes naturales». En su segunda acepción: «Encanto, hechizo o atractivo de alguien o algo.» Distingue entre dos conceptos, la antigua *goetia* —magia negra— y la *magia blanca*, a la que define como «La que por medios naturales obra efectos que parecen sobrenaturales».

Los grandes secretos, por supuesto, son los que se atribuyen al *Demiurgo*, o principio *Creador*, y por extensión a todos los seres, objetos y lugares sagrados.

El propio diccionario nos ha dado la clave: existen dos tipos de entidades que tienen las llaves que permiten aprovechar las energías que transforman continuamente la creación. De un lado la legión de los «ángeles caídos», gnomos, duendes, elfos, ogros, genios, djiins, efrits, hadas; y del otro los «ángeles buenos», los vigilantes, los custodios, los que detentan el máximo poder que les han dado los propios dioses para administrarlos al servicio del hombre.

Y ahora nos preguntamos ¿Cómo se relaciona toda esta legión de seres con las piedras sagradas? Una pregunta a la que trataremos de responder desde la perspectiva de la ciencia, cuando ésta se atreve a entrar en terrenos resbaladizos. Hay muchas personas que afirman que todos estos elementos no son más que supersticiones. Sin embargo, su presencia persistente en creencias y costumbres hace sospechar que tras todo ello hay fenómenos que se han interpretado subjetivamente y admiten otras explicaciones.

***Criatura infernal.* Estatua al *Ángel Caído*, de Ricardo Bellver. Parque de El Retiro. Madrid.**

Salomón, considerado como el más grande mago de todos los tiempos, sobre una inscripción que dice: *Edificó el Templo y lo consagró al Señor*. Baltasar Monegro. Monasterio de El Escorial.

Monasterio de San Lorenzo de El Escorial, Madrid.

EL RECINTO DE PODER,
AMPLIFICADOR DE ENERGÍA

ENERGÍA, SEGÚN EL DICCIONARIO DE LA REAL ACADEMIA, es: Eficacia, poder, virtud para obrar. Su segunda acepción es Capacidad para realizar un trabajo. Cuando acompaña a otras palabras implica acciones en las que interviene como elemento común la fuerza. O sea, un poder que transforma, que está en el origen del movimiento y, por lo tanto de la esencia de las cosas.

Las primeras imágenes que acuden a nuestra mente cuando escuchamos el término están relacionadas con la electricidad, los electrones, el átomo... Todas ellas unidas por un nexo común que permite sospechar algo ya intuido: ¡todo es energía! ¿Por qué? Porque todo cuanto existe está constituido en su esencia por partículas mínimas que giran produciendo todo tipo de efectos que se manifiestan de muy diversos modos, entre los que destacan, por su importancia, las misteriosas fuerzas de atracción y repulsión entre objetos, que los sitúan en la estructura del Universo.

Orión, una región del Universo, con manifestaciones energéticas espectaculares, como las nebulosas de la Cabeza de Caballo y de Orión.

Las auroras boreales son manifestaciones energéticas que iluminan los cielos septentrionales, procedentes del Sol.

Por lo tanto, el cuerpo humano, los animales, las plantas, los minerales, los gases, los estados plasmáticos, son alterados por una serie de fuerzas que les afectan de distinto modo. Las modificaciones que se produzcan dependerán de la intensidad y signo de los campos de energía, hasta llegar a un equilibrio que puede desaparecer en cualquier momento dependiendo de distintos factores.

Metafóricamente, el equilibrio sería asimilable al término creación, y su contrario, la destrucción. Sin embargo, el concepto creación es relativo, porque se refiere a un momento puntual de convergencia de elementos influentes.

Desde el punto de vista humano existen dos tipos de energía. De un lado, la que se manifiesta mediante fuerzas físicas, congnoscibles, evidentes, pesables y medibles, amplificables y reducibles, controlables e incontralables. Del otro, otras más sutiles que aparentemente incumplen principios universales, como las cuánticas, que actúan en los niveles más básicos de la materia, y las espirituales, de naturaleza metafísica (¿o quizá no del todo?).

41

La historia nos enseña que la evolución del hombre, su papel como dominador del resto de especies que pueblan la Tierra, está muy relacionado con el control de estas energías. Todos los conocimientos, de uno u otro modo, permiten controlarlas para ponerlas al servicio de la supervivencia y crecimiento de la especie.

Es difícil apreciarlo a simple vista, por la naturaleza abstracta de ciertos fenómenos, pero la cultura, por ejemplo, entendida como acúmulo de experiencias —incluyendo las erróneas, aunque lleven paulatinamente hacia certezas—, es una elaboración que nace a expensas de las energías espirituales de la Humanidad. La consciencia de existir, de cumplir una misión concreta asignada, la trascendencia, son cosas inherentes al homínido. Explicar el mundo en términos de existencia originada y sustentada en la energía, la vibración, la radiación, las fuerzas potenciales del universo,... no es materialismo únicamente. Incluye la intervención de elementos extrafísicos, o dicho de otro modo, sobrenaturales.

El hombre trata de controlar todo cuanto le influye para ponerlo a su servicio, o evitar sus efectos negativos. Las ciencias positivas han avanzado mucho para llegar al momento en el que estamos, en el que nos han proporcionado grandes soluciones mediante la introducción de sistemas de control, como la mecánica, la medicina o la química. Pero el conocimiento de la mente o del ser espiritual, y las influencias que recibe, no se ha desarrollado prácticamente nada, excepto por algunas escuelas filosóficas o religiosas. El cerebro y el ser sutil del hombre siguen siendo unos desconocidos, envueltos en misterio e ignorancia, que a duras penas la neurología, la psicología y la psiquiatría tratan de aclarar, como también lo intentan otras disciplinas no académicas. Esto ha sucedido por el empeño de quienes afirman que su pensamiento es el único racional en negar la existencia de entes inmateriales.

Quizá por esto, se han buscado atajos materiales para llegar a lo que está más allá de la experiencia sensible. Y a veces, éstos están en lugares o cosas concretas que adquieren virtualidades mágicas o sagradas.

Los que describimos como vírgenes, o sin manipular, no incorporan grandes transformaciones al efecto, como son rincones apartados dentro de un valle, desierto, lago, cascada, arroyo, fuente, montaña o colina, caverna o sima.

En los otros, el hombre ha modificado el entorno para dotarlo de unas ciertas características que lo hagan adecuado para la función que va a desempeñar. Podemos citar la inclusión de menhires y dólmenes, la creación de cenobios, ermitas, santuarios, jardines, fuentes, etc... Algunos construidos con pocos elementos en lugares singulares, donde se aprovechó lo preexiste que, como veremos, es el caso de algunos cultos que se desarrollaron en la Península Ibérica en tiempos remotos.

Todos, en general, actúan como cajas de resonancia de las fuerzas que existen y a las que se viste con ropajes adecuados para adaptarlas a las creencias de cada momento. Así nos encontramos con que la energía tectónica, una tensión latente, que termina más tarde o más temprano por convertirse en potencial y modifica el entorno físico del hombre, se amplifica en ciertos lugares y se hace perceptible. Lo mismo podemos decir de las otras que están presentes en prácticamente todo el planeta Tierra, como son las diferentes manifestaciones telúricas, generadas por movimientos y diferencias de potencial eléctrico entre masas, el magnetismo, diferente según los

Isis, la diosa madre. Principio generatriz, y por tanto divinización de la energía primordial.

Santuario en el Castro de Ulaca, Solosancho, Ávila. Un lugar mágico para los vetones, un pueblo celta que acostumbraba a construir estas estructuras en sitios donde detectaban energías sutiles, llamadas *vouiwres*.

lugares, y las geotérmicas. Hay que tener en cuenta también la constante disolución de los minerales producida por el agua que discurre en el interior de la litosfera, aflorando al exterior en manantiales que proporcionan toda clase de sales, susceptibles de utilizarse para curar enfermedades o mantener la salud, y que en ocasiones se han atribuido a alguna deidad de cualquier tipo. También debemos considerar el trabajo del agua sobre la superficie, produciendo una lenta, pero constante modificación de los lechos por los que va para, cumpliendo con la fuerza de la gravedad, arrastrar todo tipo de materiales. Las aguas siempre han estado asociadas a lo sobrenatural, con muy buenas y justificadas razones.

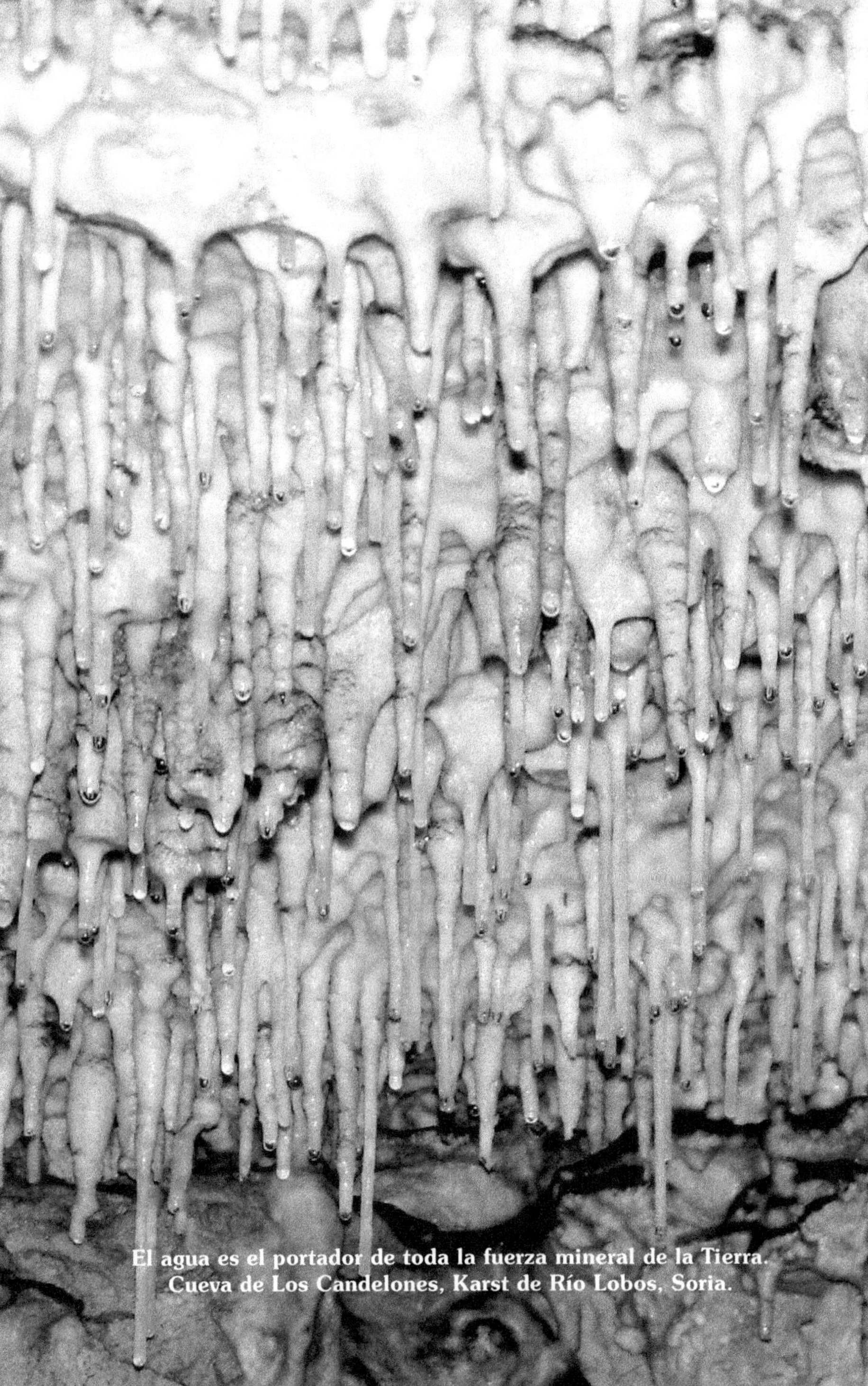

El agua es el portador de toda la fuerza mineral de la Tierra.
Cueva de Los Candelones, Karst de Río Lobos, Soria.

El dominio exclusivo de todas estas fuerzas siempre ha sido importante para los hombres, por lo que algunos han establecido fuertes restricciones para el libre acceso, prohibiendo, delimitando o estableciendo reglas estrictas. Así aparecen figuras que son custodios del poder: chamanes, brujos, sacerdotes... Todos ellos son intermediarios con lo sobrenatural que, como veremos, se irán dotando de objetos de poder, como talismanes, cetros, libros sagrados o arcas de contenido misterioso, etc.

Estos individuos singulares son creadores de dos conceptos que relacionan al hombre con estas fuerzas: lo mágico y lo sagrado.

El primero engloba las manipulaciones, palabras o invocaciones, que permiten dominar las fuerzas naturales, haciéndolas actuar en sentido distinto al que lo hacen normalmente y poniéndolas al servicio de la voluntad del actor. Aquí aparecen toda una serie de criaturas fabulosas que actúan como intermediadores o detentadores de poderes que ponen al servicio del mago eventual o permanentemente. Son los gnomos, las hadas, los diablos que, con diversos nombres según los lugares, están a medio camino entre el hombre y sus dioses. Como ya sabemos, se han practicado dos formas de magia: la blanca, que busca el concurso de las fuerzas benéficas para aprovecharse de ellas, y la negra, que se utiliza para perjudicar a los enemigos. Un caso particular es la *goetia*, magia que permitió a Salomón poner a su servicio a los demonios.

Lo *sagrado*, sin embargo, es una relación de sumisión entre las criaturas y su creador o sus superiores espirituales. Esto comprende la alabanza, la obediencia y la aceptación de los ritos y restricciones impuestos por quienes actúan como sus ministros (sacerdotes, pontífices), interpretando la voluntad del dios o dioses de turno, y haciéndola cumplir. A cambio, éstos conceden favores de todo tipo: riquezas, salud, éxito, y la promesa de la vida eterna en un paraíso en el que son el centro, que invariablemente forma parte de la cosmogonía de todas las religiones.

Esta condición sacra, en el caso de algunas filosofías orientales que han terminado por transformarse en religiones (Taoísmo, Budismo), representa otro tipo de creencias. Su filosofía se resume en que el hombre es capaz de alcanzar la máxima evolución espiritual en vida y que, una vez alcanzada ésta, se reinicia el ciclo para ayudar a otros en su camino hacia la perfección.

El príncipe Sidharta Gautama, el iluminado, el Budha, creador de una corriente filosófica que ha terminado por convertirse en una religión de componente claramente espiritual, en la que no figura una idea concreta de Dios, sino como una energía, a veces sutil, a veces poderosa, que mantiene el Universo.

Ruinas de la ciudad arevaco-romana de Termancia, Soria.

UN PASEO POR LA HISTORIA

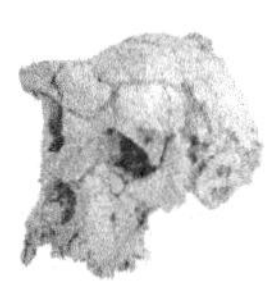

LA INFANCIA DEL HOMBRE

LOS ÚLTIMOS ESTUDIOS SEÑALAN como primer antecesor de la raza humana a un animal de desarrollo placentario, semejante a un ratón. Este mamífero de la subclase *euterios* tenía la cola y los dedos muy largos, lo que le permitía poder agarrarse a las cortezas y ramas de los árboles para huir de sus depredadores, los dinosaurios, con los que convivió hace 125 millones de años. Ha sido bautizado como Madre del amanecer.

Transcurrió mucho tiempo hasta que, hace 4 millones de años, un homínido aún desconocido, descendiera de su morada vegetal para comenzar a andar apoyándose con las piernas traseras y los nudillos de sus manos. Pero éstas no sólo le servían para andar, sino que también le daban capacidad para transportar y manipular objetos con un fin concreto, más frecuentemente de lo que lo hacían sus parientes más cercanos los chimpancés. Se le denominó *australopitecus*, y su pelvis evolucionó hasta permitirle andar sobre sus dos pies. Durante el siguiente millón de años, su cerebro creció desde unos 350 hasta 750 c.c., y empezó a servirse de piedras trabajadas toscamente *(pebbles)*. Hace 1,5 millones de años se convirtió en el *homo erectus*, que andaba exclusivamente erguido y tenía un volumen cerebral semejante al actual. Podemos ya hablar del trabajo de la piedra, una industria lítica (*achelense*, Paleolítico Inferior), consistente en la obtención de hachas y cuchillos muy toscos, elaborados mediante percusión. Su sucesor, el *homo sapiens*, apareció hace aproximadamente unos 100.000 años. Su primer representante, el hombre de Neandertal, utilizaba las lascas de sílex para trabajos de cierta precisión (*musteriense*, Paleolítico Medio). Casi simultáneamente apareció otra especie distinta, el hombre de *cro-magnon*, capaz de fabricar instrumentos más perfectos, como hachas bifaces o cuchillos, que engastaban en un mango de madera mediante cuerdas. Éstas se conseguían aprovechando fibras vegetales, y permitían una utilización más eficaz. También elaboraron punzones, agujas, arpones de hueso y estatuillas. Muchos de ellos no tenían un carácter instrumental o utilitario, sino que se usaban con intención ritual o ceremonial.

Aunque no sabemos exactamente cuando, fue en esta época cuando el hombre empezó a realizar ceremonias relacionadas con la muerte. Éstas nos permiten hoy deducir como se abrió la gran brecha que le separó de los animales: la consciencia de su trascendencia. Sucedió como consecuencia de la incorporación a su código genético de nuevos programas que le dieron capacidad para elaborar modelos del mundo donde los símbolos sustituyeron a los seres y objetos, reales e imaginarios. La intuición, una extensa biblioteca de programas de funcionamiento casi automático del sistema nervioso, adquirida durante millones de años, se unió a la abstracción, como herramienta de la inteligencia. El trabajo conjunto de ambas le llevó a descubrir que existen ciertas fuerzas invisibles que pueden dominarse mediante su representación. Así surgió el pensamiento mágico, y por tanto las prácticas y ceremonias que acabarían por convertirse en cultos religiosos.

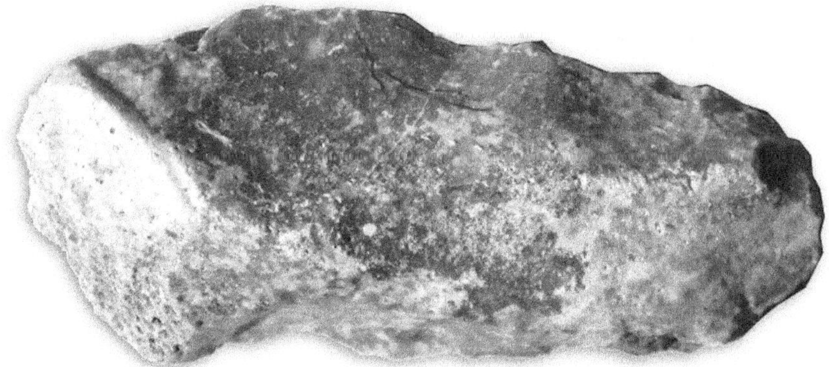

Una tosca hacha bifaz achelense, utilizada por sus filos cortantes y por su enorme dureza y facilidad para ser trabajada.

Un recolector de miel prehistórico, rodeado de abejas en la Cova de la Araña, Bicorp, Valencia. Pequeños dioses voladores que le permitieron sobrevivir y disfrutar de un producto muy energético.

La pintura y el grabado son formas de sacralización de los lugares tenidos como santuarios. Mediante diversas técnicas, como el uso de los dedos, una especie de pinceles de pelo, canutos para soplar el pigmento, o el «tamponado», que consiste en realizar una figura a base de puntos, el hombre dejó sobre las paredes de los recintos los indicios de su modo de pensar y sus creencias.

Altamira, en España, conocida como la Capilla Sixtina del Arte Rupestre, nos mira desde aquel pasado por los ojos de esos bisontes, tan perfectos que parece imposible sostener la idea de que los artistas que los realizaron eran toscos y primitivos. Muy cerca está Covalanas (Ramales de la Victoria, Cantabria), con sus ciervas rojas pastando en los campos. Aunque para nosotros, su verdadera función permanezca en un halo de incertidumbre que tratamos de dilucidar de un modo razonable.

Era aquel un momento especialmente frío, lo que hizo que el agua estuviera almacenada en el hielo de los glaciares de las montañas y en los polos. El mar estaba en un ciclo regresivo, y su nivel había descendido unos 100 metros. El Mediterráneo en este momento era más una colección de lagunas y charcos que un mar. Esto permitió posiblemente movimientos migratorios entre los continentes africano y europeo que justifican la semejanza tipológica que existe entre las representaciones encontradas en ambas orillas. Aquel mundo tenía canales de comunicación rudimentarios pero eficaces con flujos de conocimiento que viajaban lentamente, pero llegaron a muchos sitios.

Hoy que hablamos de autopistas de la información, nos parece imposible que en el pasado ésta viajara a través de regiones tan alejadas. Algunos artistas de Portugal, Cantabria, Francia, Norte de África y Valencia compartieron una cultura artística de rasgos comunes. Y por lo tanto también todo un sistema de creencias, ritos y ceremonias justificadas por la relación del hombre con unos sitios donde «algo» se manifestaba y les indicaba que se encontraban en

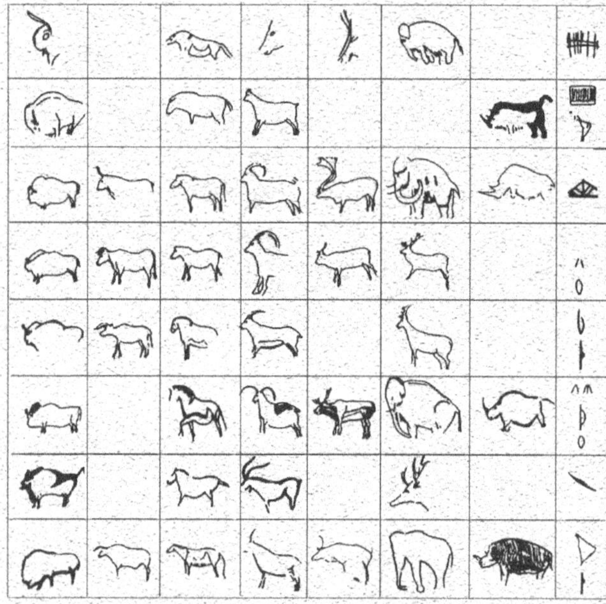

Cuadro comparativo de diferentes representaciones que podemos encontrar en lugares muy distantes. A pesar de pequeñas diferencias de estilo podemos hablar de una continuidad temática y estilística. De una cultura univeral de la representación que, incluso, debió tener algun tipo de norma común.

el lugar de poder idóneo para realizar sus representaciones, consagrándolos como santuarios. En ellos dejaron petroglifos, pinturas y talismanes propiciatorios para la caza, además de herramientas y otros utensilios.

Demos un salto cualitativo. Para los animales, el tiempo que va desde el nacimiento a la muerte está regulado por un programa concreto que implica aceptar su segura desaparición con naturalidad, sin más. Éste funciona en perfecta sincronicidad con el que denominamos «instinto de supervivencia». El animal vive mientras se lo ordenan desde su interior. Si consigue sobrevivir a los múltiples peligros hasta llegar a una muerte, digamos «natural», cuando le llega su hora, fallece sin más. Parece no importar a los de su especie, si exceptuamos casos como el del lobo que aúlla siniestramente. Los humanos, sin embargo, parecen influidos por la existencia de otro misterioso y exclusivo programa que impulsa a tratar de conjurar a la muerte, y que implica su rechazo absoluto. Como esto no es posible, porque la orden que prevalece es la que regula la desaparición física al pasar cierto tiempo, el homínido —al contrario de las otras especies— desarrolla modos de pensamiento superior que le conducen a la búsqueda de la inmortalidad. Y aquí cabe una pregunta: ¿realmente la pulsión trascendente corresponde a normas de un programa interno, o se trata de una orden externa y superior? Una pregunta que, incluso pasado tanto tiempo, no tiene aún respuesta, pero que ha encontrado múltiples soluciones acomodadas a cada uno de los momentos. ¿Cómo se llegó a la creencia de que se podía ser inmortal?

El primer indicio de que algo interior era distinto de la materia visible fue la imperiosa necesidad de enterrar a los fallecidos en lugares que propiciaran el regreso desde el más allá. La experiencia cotidiana de la observación astronómica era concluyente, el sol y la luna nacían, morían y volvían a nacer, por tanto también ellos podrían hacerlo si conseguían el favor de sus dioses. Y la energía necesaria para esta vuelta, esta transformación, había que obtenerla poniendo de acuerdo lo de «arriba» con lo de «abajo».

Los dólmenes son estructuras de soporte que luego se cubrían con tierra, para crear recintos. Se ubicaban en lugares sagrados y respondían a criterios telúricos y astronómicos. Éste se encuentra en Portugal, en Elvas, donde se les llama *antas*.

El concepto de religión (*religare*), implicó así un pacto entre el hombre y su creador. Una renegociación permanente para obtener favores a cambio de reconocimiento, obediencia y alabanza.

Así fueron construyéndose los monumentos megalíticos: menhires, cromlechs, túmulos, taulas, talayots, dólmenes,… Por una parte sirvieron como última morada y puerta que permitía al espíritu de los muertos proyectarse tras la muerte. Pero también sirvieron para observar y registrar los ciclos que presentaban los movimientos de los cuerpos celestes. Su tercera función fue poner en contacto el cielo con la tierra. Como si fuesen antenas que perforaban el suelo en busca de las energías telúricas necesarias para elevarse hacia el universo. Estos fueron los lugares mágicos en los que descansaron los antepasados de sus azarosas vidas.

Como ejemplo citaremos aquí uno de los monumentos que se encuentran en uno de los parques megalíticos más importantes del mundo: Elvas, en Portugal, donde estos monumentos se llaman antas. Se trata del cromlech del Cabeço do Torrao.

Se trata de un recinto delimitado por varios menhires (piedras clavadas en el suelo, pulidas y talladas por la mano humana, primera herramienta de la espiritualidad). De todos los que constituían el santuario quedan doce. En su interior se realizaban rituales mágico-religiosos. Se encuentra cerca de los restos de un poblado que debió estar rodeado por una empalizada de madera. Posiblemente fue un lugar de encuentro de diversas comunidades asentadas en la región. Una de ellas construyó su poblado dentro del espacio sagrado para aprovecharse de la protección que ofrecía su interior. Después, fueron conservándose los rituales sagrados, incluyendo a quienes fueron sustituyendo a sus primitivos moradores. De hecho, este recinto se ha conservado hasta nuestro tiempo, prueba de que se trataba de un lugar importante por el contenido mágico-simbólico que tenía para aquellas comunidades de canteros ignotos.

Otras manifestaciones megalíticas, son las taulas, típicas de las islas Baleares, consistentes en una piedra plana que, a modo de mesa, se asienta sobre otra clavada en el suelo, con una característica forma de «T». El túmulo es un amontonamiento de piedras, y el talayot una torre troncocónica o cuadrada, que a veces muestra un cierto escalonamiento; cuando presentan una forma achatada se las suele llamar también navetas. Su función se relacionaba con cultos religiosos o también bastiones defensivos.

Pero el tipo de construcción más famoso, sin duda, es el dolmen. Es un recinto más reducido que el cromlech, cubierto con una o varias piedras a modo de techo. En muchos casos se trata de tres piedras planas, dos clavadas en el suelo y otra encima de ellas. No obstante, la tipología es muy variada. Realmente se trata del esqueleto sobre el que se amontonaba la tierra para crear un espacio cerrado interior.

Taula de Torralba d'en Salort. Isla de Menorca.

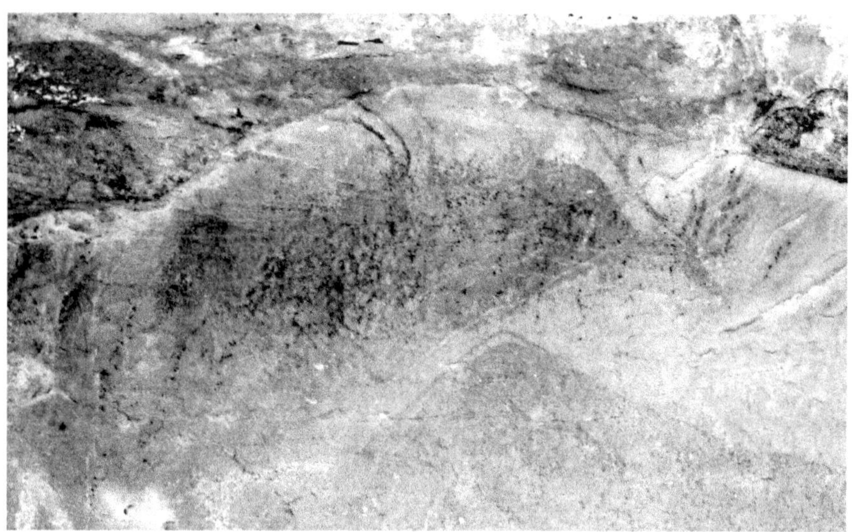

Los artistas-sacerdotes o sacerdotisas que pintaron estas paredes en Villar del Humo, Cuenca, emplearon dos estilos. Uno con imágenes realistas de animales, y otro, con motivos geométricos abstractos.

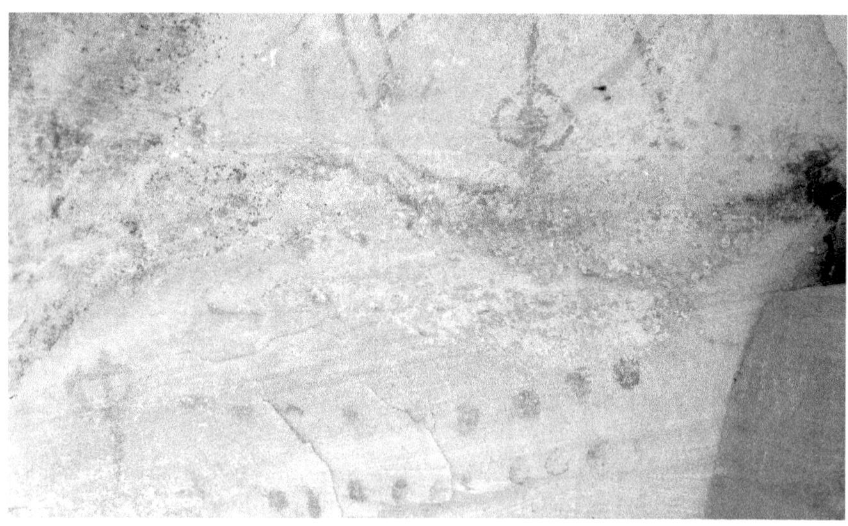

Todas estas formas protoarquitectónicas estaban relacionadas en principio, como ya hemos dicho, con ritos funerarios, aparte de otras cuestiones. En ellas, el enterramiento fue la forma más común en sus diferentes formas. Desde quienes ataban las manos de los cadáveres hasta quienes practicaban la inhumación de toda su familia, acompañada de viandas, objetos ornamentales y armas, un extenso universo de prácticas relacionadas con las creencias formaba parte de la vida cotidiana de una humanidad menos simple de lo que se cree habitualmente.

Los hombres que crearon la misteriosa Cultura de los Campos de Urnas cambiaron estas costumbres por las de las incineración, guardando las cenizas en vasijas cerámicas de tipo campaniforme. Tapaban éstas con un rodete circular de piedra en el que se practicaba una hendidura triangular. Recordemos que ésta era la puerta mística por la que el espíritu del difunto entraba y salía en sus correrías *postmortem*.

Otros creyeron aparentemente que, enterrando a sus muertos con la cabeza fuera, su espíritu era llevado a los cielos por las aves carroñeras que inmediatamente descarnaban y limpiaban su cráneo, hasta dejar sólo los huesos mondos.

Todos estos pueblos fueron alcanzando un grado de madurez cultural que experimentó avances rapidísimos en un espacio de tiempo relativamente corto. Las creaciones artísticas parietales, así como el desarrollo de las creencias sobre el mundo del espíritu, alcanzaron misteriosamente un nivel de perfección que incluso hoy día serían difíciles de imitar y que, por otra parte han inspirado a artistas como Pablo Picasso en el estilo cubista. Fue un larguísimo alba del período clásico, en el que, en contra de las clasificaciones académicas, deberíamos incluir a los pueblos de Oriente Medio, como sumerios y egipcios. Posteriormente habrá que viajar hasta la otra punta del continente para ver el concepto de lugar mágico de taoístas, budistas e hinduistas.

Los clásicos

El *Patesi Gudea* (rey sumerio) nos mira desde una distancia inmensa en el tiempo: cinco milenios. En actitud humilde hace ofrendas a los dioses de Lagash, su reino. Lo hemos elegido como símbolo de la aparición de los primeros documentos que hoy permiten conocer las creencias y sistemas de valores propios del mundo antiguo sin tener que recurrir a especulaciones. La arqueología y el método científico son herramientas adecuadas para conocer aquellas remotas culturas, cómo se relacionaron con los lugares sagrados, dónde moraban sus dioses. Pero además, cuando sea necesario, habrá que recurrir también a una gran fuente de conocimiento: la intuición.

La investigación histórica ha desenterrado y analizado las pruebas que nos permiten conocer cómo evolucionaron las ideas y sensibilidades religiosas desde aquellos hombres que no escribían, hasta los que empezaban a escribir. E intuimos que este

Una de las estatuas de Gudea, el Patesi de Lagash (2141-2122). Estaba en el templo Eninnu de Girsu, y dedicada a Ningishzzida, su dios, a quien realizaba ofrendas continuamente en busca de una intervención sobrenatural en la suerte de su pueblo y reinado.

avance se produjo como consecuencia del crecimiento espiritual de sus protagonistas. El signo visible es que el viejo monumento funerario levantado con grandes piedras labradas toscamente pasa a convertirse en otro mucho más bello y sofisticado, aunque su objetivo y función es el mismo. Particularmente, en Oriente próximo y el norte de África la arquitectura alcanza una perfección notable.

En Egipto, una misteriosa y extraordinaria civilización de origen oscuro (la ciencia oficial data su aparición en el año 3.500 a.C., pero investigadores como Zecharia Sitchin piensan en una antigüedad mucho mayor, incluso sugieren su procedencia extraterrestre) construyó las Pirámides, los más grandes recintos de carácter mágico-sagrados de la Tierra. La primera de ellas, según la datación oficial, comenzaría a levantarse en el año 2.600 a.C.).

A pesar de que oficialmente se considera que su función es la de ser simple tumba de unos faraones caprichosos, hay razones para creer que el carácter sagrado de esta formidable estructura viene dado por la acumulación de muchos factores. En primer lugar el emplazamiento, y en segundo, los conocimientos matemáticos aplicados por sus constructores. Un lugar sagrado tiene que tener también dimensiones sagradas, y esta edificación es la auténtica «Biblia» de la Geometría, también, Sagrada.

¿Cuál es la procedencia de estos conocimientos que han permitido a los hombres realizar construcciones cuyas medidas tienen un misterioso poder de influir sobre todo cuanto se encuentra en su interior? Una pregunta aún difícil de contestar. Hace pocos años se publicó el libro *El poder mágico de las Pirámides*, de M. Toth y G. Nielsen, Barcelona, 1987. En él se atribuye a su forma la capacidad de acumular las energías terrestres y las celestes a la vez. En este libro, incluso, se daban instrucciones para la construcción de pirámides de cartón que tenían los mismos poderes, en una escala menor, que las inmensas moles de piedra de la meseta de Gizeh.

El investigador francés Robert Bauvall, afirma en *El misterio de Orión*, Barcelona, 1995, que Keops, Kefren y Micerino representan sobre el suelo del desierto las tres estrellas del cinturón de esta constelación, una de las más hermosas e identificables del firmamento. Su posición se corresponde exactamente con la de Alnilam, Alnitak y Mintaka, las conocidas también como Las tres Marías. Este reflejo sobre el suelo de una estructura celeste ha sido utilizado para situar otras obras monumentales, como veremos posteriormente.

La posición de las tres grandes pirámides coincide con la de las tres estrellas del cinturón de Orión.

Pero este pueblo no sólo construyó pirámides, sino que también aprovechó el poder del interior de la Tierra para dar última morada a sus muertos en las mastabas, galerías excavadas en el suelo que luego eran tapiadas casi herméticamente para que no fuera violado el sueño de quienes aspiraban a resucitar. Y para ello se hacían acompañar de sus riquezas, e incluso a veces de sus familiares y animales domésticos, a quienes enterraban vivos. Es conocido el caso de la tumba del faraón-niño Tutankamón, en cuyo interior Lord Carnavon, gracias a la ayuda de Howard Carter, descubrió uno de los más grandes tesoros que jamás hallan sido enterrados por alguien. Pero además, también encontró un extraño poder, una forma anómala de energía, que podría ser el origen de la «maldición del Faraón», según la cual quienes violaran aquel lugar morirían. Poco después de su hallazgo sucedieron diversas muertes «casuales» de algunos de los participantes.

Los templos fueron también lugares concebidos para potenciar esas fuerzas amplificándolas, no sólo mediante la estructura arquitectónica, sino a través de los diferentes ritos y ceremonias que se realizaban en su interior, de los que desconocemos todo, menos que el sonido tenía en ellas gran importancia. Los cantos ceremoniales activaban el ambiente vibratorio creado por la piedra y lo proyectaban sobre los oficiantes y asistentes. Estas salmodias sagradas iban poco a poco aumentando el poder del santuario. Hay quien afirma incluso que los egipcios conocían el secreto para aligerar el peso de las piedras con técnicas acústicas secretas, una presunción improbable y difícil de demostrar. No tenemos una idea exacta de cómo era su música, sino aproximaciones. El contenido de los cantos debió ser semejante al que figura en el *El libro de los muertos de los antiguos egipcios*. En cuanto a la música existe un excelente estudio realizado por Rafael Pérez Arroyo y Syra Bonet: *La música en la era de las pirámides*. Incluye la reconstrucción de los instrumentos que figuran en los frescos de templos y tumbas.

Por entonces, en Mesopotamia se construyeron otras estructuras dedicadas a la observación del universo en distintos lugares, por una parte, y el culto a sus dioses (principalmente el Sol y la Luna) por otra. Recibían el nombre de zigurats. Eran de adobe y tenían forma escalonada. En su cima los sacerdotes sumerios observaban como los dibujos geométricos que representaban los cuerpos celestes influían en el destino de todo cuanto existía. Así nació la astrología que, desde aquellos remotos tiempos, consagra el cielo como morada de los dioses y origen de los poderes superiores. Gracias a las enseñanzas secretas reveladas por los superiores espirituales, inventaron las primeras tecnologías que harían avanzar a la humanidad. Los dioses dieron a los hombres la rueda (3.500-3.250 a.C.), el arado (3.500 a.C.) y la escritura (3.000 a.C.) que permitiría crear el primer poema épico de la humanidad. *Quien todo lo vio* (2.000 a.C.) nos cuenta en caracteres cuneiformes la epopeya del legendario Gilgamesh de Uruk. Hoy le conocemos gracias a su aparición en las ruinas de la biblioteca de Asurbanipal, en Nínive. Esta cultura habitó la «región más sagrada para la Humanidad», donde los ríos Tigris y Éufrates desembocan en el Océano Índico, lugar en el que la tradición sitúa el Paraíso Terrenal.

En Creta, isla del Mediterráneo nace la cultura minoica, que recibe su nombre del rey Minos, quien construye el palacio de Cnosos. Sus recintos sagrados son, el Laberinto, morada del Minotauro, el monstruo con forma de toro que impide el acceso al saber de los indignos. El buscador de la sabiduría tenía que contestar correctamente a tres preguntas para poder llegar al centro iniciático del lugar. Los jóvenes realizaban rituales en los que tenían que dar saltos mortales entre los cuernos de un toro dentro de un espacio circular consagrado al sol. Este recinto sagrado es el antecedente de los cosos taurinos de nuestro tiempo.

Los griegos introducen una nueva forma de adivinación. Se trata de personajes capaces de servir de intermediarios entre los dioses, las potencias intermedias y los hombres utilizando las características singulares de ciertos recintos: los oráculos sagrados, normalmente mujeres u hombres que padecían ciertas enfermedades, como la epilepsia. Su misión era predecir el futuro o manifestar con un discurso oscuro, muchas veces incomprensible, la voluntad de los dioses. La interpretación de sus palabras era difícil, pero lo que nos interesa realmente aquí son sus santuarios, puertas entre el mundo material y el espiritual.

Hyeronimus von Aecken, el Bosco, pintó, de un modo misterioso y cargado de símbolos de explicación controvertida, como debió ser el Paraíso.

Había dos clases de sacerdotisas: la pitonisa o pitia y la sibila. Ambas eran consagradas normalmente a Apolo, dios relacionado con el culto a los muertos. La más famosa pitonisa, la de Delfos, realizaba oráculos en estado de trance, que alcanzaba masticando hojas de laurel o sentándose en un trípode sobre una grieta (fumarola volcánica) por la que salían vapores de azufre capaces de alterar su estado de conciencia.

Sibila viene de *Sibyllai*, palabra de la que no conocemos su significado, pero que según creen algunos es el nombre de una profetisa que vivía en Marpeso, cerca de la ciudad de Troya. Realizaban sus oráculos con acertijos que escribía en grandes hojas de ciertas plantas. Una de las más famosas fue la de la colonia que los griegos fundaron en Cumas. Esta localidad del extremo noreste de la bahía de Nápoles está en la falda de una montaña volcánica, en cuya cima aún pueden verse

El antro de la sibila de Cumas, cerca de Nápoles, y tal y como pintó Miguel Ángel una en la Capilla Sixtina.

hoy los restos de un templo dedicado a Júpiter. En la antigüedad servía también como guía para los navegantes (a veces un lugar mágico desempeña diversas funciones). No se sabe muy bien si la Sibila existió realmente, pero durante el Imperio romano se enseñaba su tumba.

El dios Apolo representaba al sol, pero su culto incluía la nigromancia. En la *Eneida*, el poema de Virgilio, se cita a la Sibila de Cumas como guía que conduce a los muertos al más allá. Eneas, héroe de la Ilíada, visita una caverna «enorme y oscura» en los sótanos del templo donde vive esta mujer, encargada de entregar la Rama Dorada, una especie de salvoconducto para la otra vida. Después le conducirá para mostrarle el camino que siguen los muertos hasta las orillas del lago Averno, la antesala del infierno (existe uno con este nombre cerca de Puzzoli, en la región de Nápoles).

En el período clásico, la transición entre griegos y romanos está protagonizada por un pueblo enigmático cuya escritura no ha podido descifrarse aún: los Etruscos.

Recibe su nombre de Etruria, la región en que se desarrolló su civilización entre el último cuarto del siglo VIII y el primero del VI a.C. Sus gobernantes fueron Tarquino el Antiguo, Servio Tulio y Tarquino el Soberbio. Su civilización se integra en la romana tras la caída de la ciudad de Veyes.

El concepto de recinto sagrado para este pueblo puede deducirse de sus templos. Al principio los construyeron con madera y barro, y luego con piedras, siguiendo el eje norte-sur, al contrario que los griegos, que los orientaban este-oeste. Estaban situados sobre un podio. Se entraba en ellos bajo un pórtico de cuatro columnas tras el que se accedía a tres puertas que conducían a sendas habitaciones, donde se rendía culto a sus tres deidades principales, Tinia —rayos y tempestades—, Uni —la Juno romana, protectora de los matrimonios y de la condición femenina— y

Menerva —Minerva, la sabiduría y las artes—. Esta forma de templo sería el modelo que siguieron posteriormente los romanos para construir los suyos.

El etrusco fue un pueblo de orfebres sagrados. Su calidad artística era extraordinaria. Enterraban a sus muertos bajo tapas de sarcófago primorosamente talladas. Es muy conocida la de *Los esposos yacentes*, dos seres de rostro sonriente e inquietante, con una inolvidable mirada (siglo VI a.C., actualmente está en la Villa Giulia de Roma). Guardaban las cenizas de sus muertos en vasijas de cerámica pintadas, de factura primorosa que, según el sexo del difunto, tenían en la tapa la representación de la cabeza de un hombre o de una mujer. Las tumbas se excavaban fuera de las ciudades, basándose en la misma idea del dolmen en galería, un recinto consistente en un túnel practicado en la tierra. En otros casos consistían en losas verticales que sujetaban otras horizontales, colocadas como techo. Luego se las cubría con tierra formando un túmulo. De nuevo buscaron lugares semejantes al antro materno original para su último descanso.

Una tumba etrusca. Sus personajes tienen una enigmática sonrisa, característica de sus esculturas.

La etapa clásica termina con los romanos, un pueblo poco creativo en lo religioso y en lo mágico, puesto que toda su cultura era una adaptación de griegos, etruscos y cartagineses. Zeus se convierte en Júpiter; Isis en Ceres o Cibeles, etc. Sin embargo inventan un concepto nuevo, la sacralización de lo civil, o sea hacer que todo quede bajo la protección de algún ente sobrenatural.

Su importancia para la Historia es inmensa. Sobre todo sirvieron de vehículo para que la cultura, mitos, religiones, cultos, ceremonias y, en general, las ideas sobre la espiritualidad, que tuvieron su origen en el mundo antiguo, se difundieran por canales extraordinariamente eficaces. Fueron ingenieros, arquitectos, pero sobre todo militares. Las legiones romanas ocuparon todo el espacio que hoy conocemos como Europa, más buena parte de Oriente Próximo y el norte de África. Guerrearon contra todos los pueblos, pero también los fueron integrando poco a poco en una cultura en la que se incorporaban nuevos logros como el derecho y la filosofía, y sobre todo la tecnología destinada a aumentar la comodidad (ingeniería civil). Aunque también el propio mundo romano se enriqueció con la variada mitología y cultos de otros pueblos, como celtas, hebreos, sirios, etc.

El lugar sagrado en el mundo romano es un recinto de adoración y reconocimiento de los dioses, pero incorporando también una función simbólica conectada directamente con lo político o lo civil. Algunos emperadores romanos (Augusto, Claudio, etc…) son, a su muerte, convertidos en dioses, pervirtiendo así el origen mítico que tenían las deidades precedentes. Esta circunstancia permitió modificar las costumbres al llevar al pueblo llano a confiar cotidianamente en dedidades más cercanas y domésticas, protectores de personas, lugares u objetos. Al ciudadano de Roma le interesan más los cuidadores de sus bienes y de su vida diaria que los grandes personajes, a quienes sólo concederá atención en los temas relacionados con la vida y la muerte, y en los ritos meramente formales obliga-

La casa romana es un prodigio de coherencia. Todo allí está concebido para conseguir, no sólo una gran comodidad, sino también proporcionar placeres sensuales a sus habitantes.
Cada rincón, habitantes y espacios anejos, estaban consagrados a algún tipo de deidad.
En esta constumbre está el origen de los patronazgos que luego fueron trasladados a los santos en el mundo cristiano, que en realidad son los verdaderos sucesores de los romanos.

ROMANA

TERMINUS: Protector de mojones
LINFAS: Protectoras de las fuentes e incendios
Ara protectora de campos y cosechas
ESTERCOLINO: Estiércol
Huerta
LARES: Dioses de los lugares
CARDEA: Quicio de la casa
de
dos
Peristilo
Peristilo
Tablinium
Cubiculums
MUTUNO TUTUNO: Falo-dios de la virilidad
DEVERRA: Vigila con una escoba para que Silvano no atormente el sueño de la madre reciente
ARQUIS: Arcos de la casa
Larario de la Casa de los Vetti, en Pompeya
LAVERNA: Mundo subterraneo
guardián

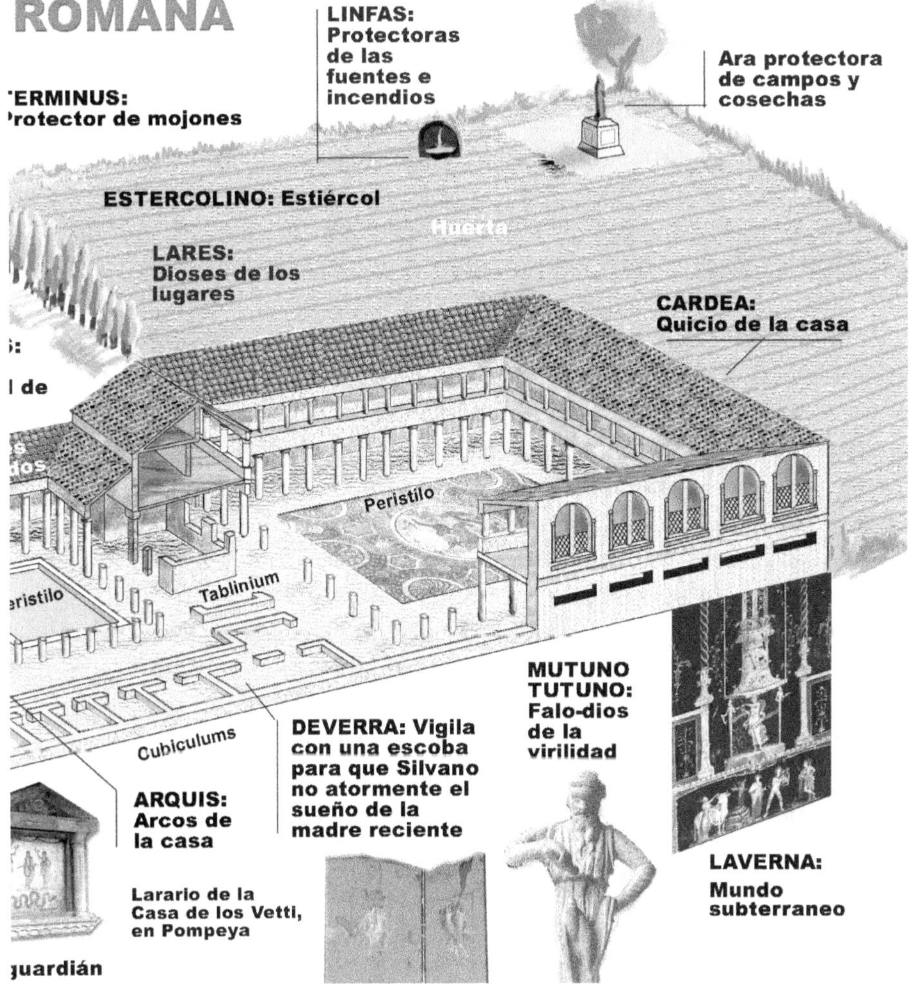

dos por la posición social. Los manes, lares o penates son más próximos que Júpiter, Apolo, Hera o Hécate. En las casas romanas se construía un pequeño altar —*lararium, atrium*— donde se situaba a los tres como garantes y custodios del bienestar diario.

La orientalización del Imperio, plenamente cristianizado a partir de la conversión de Constantino en el año 313 tendrá como resultado que muchos de los santuarios sean reconvertidos. Al adaptarse a la nueva religión, simplemente se produce un «cambio de titular». Los poderes y circunstancias que llevaron a su creación siguen siendo los mismos, pero con distinta adscripción. De un mundo politeísta se pasa a otro claramente monoteísta rodeado de toda una corte sagrada. El nuevo Dios es omnipresente, omnímodo y todopoderoso. ¿Qué sucede entonces con todos los diosecillos de lo doméstico, de lo cotidiano? Pues que sus poderes son heredados por los patrones, los nuevos protectores de situaciones, lugares, enfermedades, personas, animales, cosechas, carros y todo cuanto forma parte de la vida del hombre, los *santos*, que serían protagonistas mágico-sagrados en el mundo medieval.

En China, año 560 a.C. aparece el *Tao Te Ching*, atribuido a Lao-Tzu. A partir de entonces podemos hablar de taoísmo. Es más filosofía que religión, puesto que no existe la idea de un Dios semejante al hombre, con voluntad y palabra, sino que es una energía inmanente que ocupa todo y que además actúa como principio creador y mantenedor. La armonía que propicia lo sagrado se percibe como la complementariedad entre contrarios, *ying y yang*, positivo-negativo (así intuyeron la realidad del funcionamiento interno del la materia, donde sucede exactamente lo mismo, puesto que los elementos subatómicos se relacionan mediante cargas eléctricas bipolares).

El taoísmo sitúa al hombre dentro de una naturaleza en armonía, donde existe equilibrio entre contrarios. El lugar mágico-sagrado, según esta concepción, es el sitio donde «todo está en su sitio».

Cuanto forma parte del recinto tiene que canalizar las energías para que, armonizando sus cargas opuestas, creen un espacio sagrado donde el hombre tiene un «lugar» también específico. En él está protegido contra toda agresión exterior y puede entonces alcanzar la serenidad que le conduzca a la perfección espiritual. No es de extrañar pues que hayan diseñado jardines zen como recintos perfectos donde integrar pequeños santuarios. El propio espacio es el santuario de contemplación y unión.

La contemplación de los elementos en un jardín zen, conduce a serenar el espíritu y la mente. Así, el hombre puede fundirse con lo contemplado y encontrar la armonía interior en la de lo exterior. El único equivalente europeo de este modo de sentir y pensar, está, con las diferencias lógicas, en la mística castellana del siglo XVI. Sobre todo en autores como santa Teresa o san Juan de la Cruz.

El budismo conserva todas estas ideas, pero las desarrolla de otro modo, creando el «jardín interior». El corazón central de su doctrina es la liberación del sufrimiento del hombre mediante la supresión de las pasiones. A su fundador, el príncipe Gautama (Sakhya Muni), nacido en el año 624 a.C., le impidieron ver en su niñez las miserias humanas. Pero fortuitamente se encontró con ellas y decidió salir de su encierro para ir a su encuentro. Es el fin de la ingenuidad, del Paraíso Terrenal, de la Arcadia feliz. Enfrentarse al mundo real, y encontrar la salida.

La novela *Siddharta* (Hermann Hesse, Círculo de Lectores, Barcelona, 1991), nos cuenta una fábula por la que podemos conocer la génesis del budismo y parte de su filosofía. El *Buda* (el iluminado, el perfecto) histórico recibe su iniciación a la sombra de una «higuera mágica» en Uruvela, una pequeña aldea junto al río Nairanjana, cerca del pueblo de Gaya, hace 2.500 años, durante la luna llena de mayo. La iluminación le conduce a conocer las «Cuatro Nobles Verdades», el sufrimiento y la frustración que atenazan al hombre, su causa —*karma*—, la liberación, y la óctuple vía que conduce a la perfección. Casi en sus comienzos sufrió el primer cisma, y se dividió en dos escuelas *hinayana* y *mahayana*. La primera sigue fielmente las primeras escrituras, y las interpreta racionalmente. Se desarrolla mediante una disciplina de vida puritana y monacal. La segunda convierte al budismo en religión, desarrollándola teológica y devocionalmente (seguramente en contra de la voluntad de su fundador).

El recinto sagrado hinayana es el templo, lugar de meditación, y la celda, que proporciona la sencillez y el aislamiento necesario para seguir un camino de perfección alejado del mundo que llevará al hombre a liberarse del *karma* (la rueda de la vida), mediante los logros alcanzados en sucesivas reencarnaciones. Son lugares que reciben su poder de la suma de la energía de la Tierra y del trabajo interno de quien busca el estado de iluminación. El santuario mahayana, sin embargo, es símbolo y espacio de culto y veneración a Buda, entendido como un nuevo dios, aunque el budismo, paradógicamente, es sólo una filosofía.

El hinduismo es una amalgama entre distintos tipos de creencias. En su esencia, considera que todo es una emanación de un impersonal *Brahm*, de quien desciende la trinidad *Brahma* (dios supremo de cuatro cabezas), *Visnhú* (el conservador), y *Shiva* (el generador y destructor, rector del universo). El primero es el creador del primer hombre, *Manu*, hermafrodita del que descienden todos los demás, y del resto de los dioses. Su doctrina se encuentra en los cuatro libros sagrados hindúes, los *Vedas*. El primero, el *Rig-Veda*, se escribió aproximadamente a mediados del primer milenio a.C.; es el que recitaban los *hotri* para invocar a los dioses. El *Sama-Veda* es el que utilizaban los *udgatri* —cantores—. El *Yajur-Veda*, es el de los sacerdotes, los *adhvaryu*. Posteriormente será usado por el *brahmán* (iniciado). El último, el *Atharva-Veda*, contiene diversos encantamientos, himnos y conjuros mágicos. Modernamente será el libro del acólito. Las doctrinas contenidas en estos libros se desarrollaron en los *Upanishads*.

Esta religión también recurre al término *karma*, para explicar la rueda de las distintas reencarnaciones por las que tiene que pasar el *atman* (el ser) antes de llegar al estado de perfección. Su recinto sagrado es el templo, donde se potencia la energía mediante el rezo de *mantrams* (sílabas y frases sagradas), lo que permite alcanzar la perfección. El más famoso de todos es el que representa a la vibración creadora de la Tierra, OM.

Las sílaba OM.

La oscura Edad Media

DURANTE LA ALTA EDAD MEDIA se produce un cambio político y cultural, que llevaría a la desaparición o transformación de los santuarios politeístas. Influyeron en esto causas políticas, militares, étnicas y climatológicas. La principal de las primeras es la Caída del Imperio Romano. Realmente no sucedió tal cosa, simlemente se trasladaron las estructuras de poder y los modos de ejercerlo. La división en Imperio de Oriente y el de Occidente, por parte de Teodosio I (año 395), prima a Bizancio sobre Roma, y deja a ésta casi sin gobierno. A esto se une la permeabilidad de los *limes* (límites fronterizos), a través de los que las tribus germánicas y centroasiáticas atraviesan hacia el corazón del que fuera el centro de poder más grande que el mundo había conocido hasta entonces, dando lugar a luchas, pero también a ensamblajes diversos.

Las tribus, apoyadas por una caballería más eficiente, y una táctica de guerrillas que sorprendió y despistó a las legiones, que habian olvidado su pasado, eran superiores militarmente. *«Su caballería era mucho más ligera y ágil. Además estaban mucho más adelantados en la forja de armas. Tenían distintos tipos de espadas, una larga de doble filo, y una corta llamada scramasax, que tenía uno solamente. Además contaban con la franscisque, hacha ofensiva que se lanzaba desde muy lejos. Eran muy hábiles con las aleaciones y el soldado de los metales, así como el templado del acero. Sus armas, fundas y correajes estaban ricamente ornamentados con piedras preciosas, marfil, oro y plata. Su superioridad se debía a la depurada técnica de construcción. El cuerpo se componía de varias hojas de hierro muy suave (hasta 10), al que se le soldaban filos de aceros templados extraduros. Eran resistentes y cortaban como los aceros especiales actuales».* (E. Salin).

Nos han tratado de convencer tradicionalmente de que los pueblos bárbaros no tenían una tecnología equiparable a la actual. El párrafo citado parece desmentirlo. El hombre siempre ha sabido encontrar soluciones eficaces a sus problemas. Transcurrido el tiempo, sus tecnologías han desaparecido o han quedado en manos de iniciados o sociedades secretas. Existen abundantes pruebas, como el acumulador eléctrico hallado en una ciudad de Esparta —actual Irak—, con una antigüedad de 2.000 años, descubierto por Wilhelm Köning; también misteriosas máquinas, como una especie de calculadora, o las técnicas metalúrgicas citadas aquí. Sería inteligente ser menos soberbios en nuestros juicios sobre el pasado.

Pero no sólo influyeron en el retroceso las campañas militares, sino también los movimientos migratorios a consecuencia de la presión. Muchos habitantes del, ahora débil, Imperio de Occidente, se concentraron cerca de Roma, huyendo también del bandidaje y la piratería. Los pueblos celtas, por su parte, que habían aceptado más o menos la cultura romana conservando sus peculiaridades, tuvieron que luchar también contra estas hordas procedentes de Asia central. En Bretaña, los *pictos* de Escocia y los *escotos* de Irlanda, frenaron su *expansión*.

Armas romanas, pesadas y difíciles de manejar ante las *falcatas* ibéricas o las *scramasax* centroeuropeas.

Fueron apareciendo entonces los primeros reinos bárbaros. Los vándalos, pueblo germánico, ocuparon el norte de África, el sur de Italia, parte de Sicilia y algunas islas del Mar Tirreno. Atacaron los cultivos de trigo y ejercieron la piratería, debilitando la división occidental del antiguo imperio. En el año 455 saquearon Roma.

En el año 476, el emperador niño Rómulo Augusto es depuesto por el jefe de los hérulos o esquiros, Odacro, quien es reconocido como patricio por Zenón de Constantinopla.

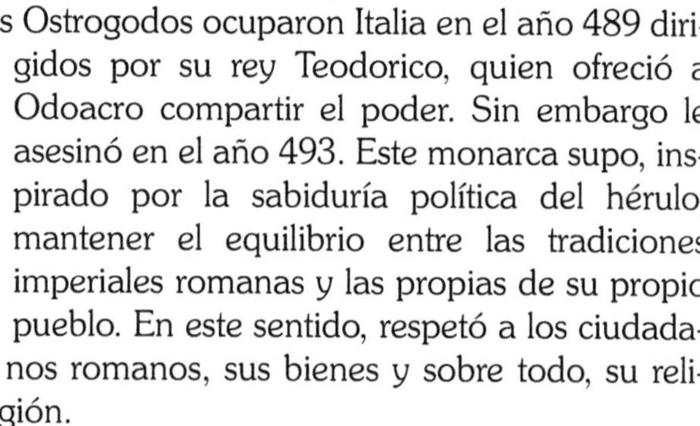

Los Ostrogodos ocuparon Italia en el año 489 dirigidos por su rey Teodorico, quien ofreció a Odoacro compartir el poder. Sin embargo le asesinó en el año 493. Este monarca supo, inspirado por la sabiduría política del hérulo, mantener el equilibrio entre las tradiciones imperiales romanas y las propias de su propio pueblo. En este sentido, respetó a los ciudadanos romanos, sus bienes y sobre todo, su religión.

Los visigodos, que habían sido soldados mercenarios de Roma, terminaron por saquearla en el año 410, estableciéndose luego en Aquitania bajo el reinado de Eurico (466-484). Alarico II es vencido por los francos en el año 507. Los supervivientes migrarían a España, junto con los suevos, constituyendo posteriormente el más poderoso y original de los reinos bárbaros.

Los francos merovingios, procedentes de las orillas del Rhin, ocuparon la Galia, heredando toda la simbología céltica. El fundador de la dinastía Clodoveo, hijo de Childerico I, sube al trono en el año 481 y establece su corte en París. Su política sería la pacificación, poniendo de acuerdo galo-romanos y francos. Se convirtió al catolicismo por influencia de su esposa Clotilde.

Los lombardos, procedentes de las orillas del Danubio, invadieron el centro de Italia en el año 568. Se mezclaron con la población local mediante matrimonios mixtos. Fueron empujando cada vez más a Bizancio, que iba retrocediendo inexorablemente. Ya sólo le quedaba influencia en la región de Umbría, en el Exarcado de Ravena.

Los anglosajones estaban formados por tribus diversas, pero con un origen étnico común. Se agrupaban bajo el mando de un jefe, rodeado de una especie de estado mayor compuesto por la nobleza militar. Los campesinos aún eran libres. El arranque de la Edad Media en las islas británicas estuvo presidido por las luchas entre tribus para unificar Inglaterra bajo el mando del jefe de la tribu más influyente.

El comienzo de la película *Excalibur* (John Boorman, 1981, basada en la novela de Sir Thomas Malory *La muerte de Arturo*. Madrid, Siruela, 1999), ilustra bien estas luchas, que llevarían a buscar un ente simbólico aglutinador, capaz de unirlos a todos para formar una nación. Se trata de una espada clavada mágicamente en una piedra, que había sido concedida por una mítica Dama del Lago, un espíritu de las aguas.

Los espíritus acuáticos de la vieja Inglaterra legitiman a un rey mediante una espada mágica que sale de un lago.

Otros pueblos, como los alanos, desaparecieron sin dejar huellas perceptibles.

Este ha sido un ligerísimo repaso de las circunstancias políticas, militares y étnicas que condujeron a una era de retroceso cultural de Europa. Ahora veremos como influyó la climatología.

El 22 de marzo de 2002, un estudio aparecido en la revista *Science*: «Reconstrucción de las variaciones de temperatura mediante señales de baja frecuencia aplicadas a los anillos de los árboles», firmado por Jan Esper, Edward R. Cook, y Fritz H. Schwingruber, revela que entre 800 y 1000 años atrás se produjo el llamado «periodo tibio Medieval», en el que las temperaturas fueron muy similares a las del siglo XX. Si hacemos cuentas hacia atrás, veremos que estamos hablando de los años 1000 a 1200. Este estudio climatológico viene a confirmar otro según el cual entre el siglo V y la primera mitad del siglo VIII aproximadamente, se produjo un avance glaciar, a tenor de las investigaciones realizadas en la turbera de Fernau en el Tirol, seguido por un período más suave y seco, con temperaturas más altas, coincidiendo con el retroceso de los hielos. (*Guerreros y Campesinos. Desarrollo inicial de la economía europea (500-1200)*, Georges Duby, Siglo XXI de España, Editores, 1992).

Esto significa que a todas las circunstancias anteriores hay que incluir la influencia climática como factor determinante de la historia medieval. Esta «mini-glaciación», aparte de saqueos y destrucciones, tuvo como consecuencia el crecimiento de los bosques a costa de los campos destinados al cultivo de gramíneas. Como puede imaginarse sin mucho esfuerzo, la pobreza fue en aumento y los hábitos alimentarios cambiaron, dando mayor preferencia a la caza y al consumo de carnes y grasas. Además, la escasez de comida, y la supervivencia diaria, ocasionarían también el aumento del bandidaje. Por otra parte, este tipo de dieta influye directamente en dos factores: aumento de la fuerza muscular y por tanto hacer rentable el recurso a la guerra y el deterioro general de la salud. La esperanza de vida en la Roma Imperial estaba en torno a los 65 años en las urbes y en hombres de paz; durante la edad media sin embargo, estas cifras disminuyen notablemente, situándose en torno a los 32-40 años.

La vida espiritual y cultural, pues, se vio influida por todos estos factores que, sin duda afectaron a sus sistemas de creencias y a sus relaciones con lo mágico y lo sagrado.

Las tribus invasoras orientaron sus creencias, en general, hacia ciertas herejías nacidas durante los años de decadencia del Imperio, para contrarrestar el poder de la Iglesia católica. La más importante es el *Arrianismo*. Su fundador, Arrio, nació en el año 256 y murió en el 336. Fue sacerdote de Alejandría y obispo en Libia. En el año 318 comenzó a predicar su doctrina, consistente en la negación de la Santísima Trinidad, puesto que Jesucristo no era Dios, sino una creación suya destinada a ayudarle a cumplir sus planes, transformado en su hijo por su especial nobleza. Por lo tanto no era eterno, sino que tuvo un principio y habría de tener final. Se niega su condición de persona divina, así como la del Espíritu Santo. Fue la religión de los visigodos hasta la conversión al cristianismo de Recaredo, en el año 587.

Mientras tanto, los «pueblos conquistados», estaban divididos entre quienes seguían las directrices oficiales de la Iglesia de Roma, y los que se apartaban de la orto-

Arrio es condenado en el Concilio de Nicea. Tebaldi, biblioteca del monasterio de El Escorial.

doxia manteniendo algunas herejías, que recogían la herencia del mundo mágico celta, hebreo, árabe y romano. El priscilianismo tiene su origen en Prisciliano (Galicia, 340-Tréveris, 385). Se extiende por el occidente del Imperio hasta mediados del siglo VI. Las ideas que proclama son gnósticas, con cierto aroma maniqueo y muchos conceptos mágicos como, por ejemplo, los conocimientos y las prácticas de la Cábala.

Este modo de pensar se difunde como consecuencia del viaje que realizaron las ideas nazareas desde Siria y Egipto hasta el *finis terrae*. En la práctica consiste en una contestación, entre política y religiosa, a los obispos romanos que habían abandonado el mensaje de pobreza predicado por el fundador del cristianismo y presente en el Nuevo Testamento. Su alejamiento de la ortodoxia paulina tuvo como consecuencia el martirio de Prisciliano y algunos de sus compañeros. Su cuerpo fue enterrado en un santuario cercano a la actual Santiago de Compostela. Algunos investigadores, como el profesor de Oxford Henry Chadwick, afirman que los huesos que están allí enterrados no son los del apóstol Santiago, sino los del hereje que fue obispo de Ávila.

Es una constante en toda la historia de la Iglesia medieval la contestación a la doctrina oficial por parte de diversos grupos, que terminaron por ser el origen de órdenes monásticas. Incluso en muchas ocasiones llevó a la condena a muerte por distintos procedimientos a quienes se mostraron partidarios de la pobreza, la humildad y el ascetismo. La interpretación del mandato evangélico *«Si quieres ser perfecto, anda, vende lo que tienes y dáselo a los pobres, y tendrás un tesoro en los cielos; luego ven, y sígueme.»* (Mateo, 19-21) ha sido causa de muchos desencuentros entre quienes pretendían seguir el mandato literalmente, y quienes defendían que su sentido era simplemente metafórico. Esa llamada al abandono de las riquezas materiales para alcanzar las espirituales, no parecía conectar bien con la sensibilidad de los altos príncipes de la

Iglesia católica de Roma, más amigos de acumular riquezas y poder.

Las tribus que ocupaban el territorio sur de la actual Inglaterra por su parte mantenían una especie de simbiosis o mezcla entre las nuevas ideas cristianas y las tradiciones célticas, incluso manteniendo la figura del druida, como brujo y sumo sacerdote capaz de dominar a los espíritus y fuerzas de la naturaleza. Así nacieron los mitos artúricos, en los que aparecen personajes y objetos míticos, seguramente basados en la existencia de correspondientes reales de origen celta, como el mago Merlín, o la misteriosa Dama del Lago, entremezclados con nuevas aportaciones de origen evangélico, como todo lo relacionado con el poder y legitimación que confería a los poseedores el Santo Grial, sin que sepamos aún qué es exactamente.

Hasta el siglo VIII, en que se produjo la penetración árabe-beréber y, como consecuencia, la llegada al sur de Europa del Islam, los santuarios se establecieron siguiendo dos modelos, como corresponde a lo que hemos dicho hasta ahora. El primero continúa la idea del templo romano, los edificios van ganando en riqueza y ornamentación. Las iglesias bizantinas se convierten en tesoros donde el oro y las joyas abundan, tanto en objetos litúrgicos como en los mismos edificios. Las imágenes –iconos– van perdiendo paulatinamente la riqueza figurativa de los artistas del Imperio, para ir estilizándose hasta alcanzar el característico aspecto estético del Románico. El segundo modelo, importado de Oriente Medio, es el cenobio (del latín *coenobium*, vida en común), que imita a los centros ascéticos donde desarrollaban su actividad los *esenios* en Israel o los eremitas de la Tebaida egipcia, por ejemplo. Consiste en un lugar de retiro para varias personas que tienen la intención de dedicarse exclusivamente a la oración en contacto con la naturaleza o la Madre Tierra. Sus únicas actividades comunes serían la comida y la Eucaristía. Solían ser agrupaciones de construcciones sencillas

Abderramán construyó una ciudad digna de los cuentos de *Las Mil y Una Noches*, Madinat-al-Zahra, muy cerca de Córdoba. Se cortaron los árboles de las colinas para plantar almendros que florecieran en primavera.

en lugares apartados, como bosques o valles recoletos. Muchas veces se constituían simplemente aprovechando algún espacio con un número suficiente de cuevas para una celda por cada uno de los miembros de la comunidad. Este tipo de lugar místico es el antecesor del monasterio de clausura (por ejemplo, el cenobio sobre el que se construyó el Monasterio de Suso, en el pueblo riojano de San Millán de la Cogolla).

Las tribus de la costa sur mediterránea, el golfo pérsico y el mar rojo, son ahora del nuevo Imperio, que además se convierte a una nueva religión. Mahoma, su profeta, huye a Medina en el año 622 –la *Égira*, año cero del calendario musulmán–. Es la fecha oficial del nacimiento del Islam, una nueva religión monoteísta que, aunque tiene el mismo origen, se separa del cristianismo y judaísmo por haberse apartado, según sus enseñanzas, de la doctrina escrita en los libros sagrados. Dios envía un nuevo y último profeta, Muhammad, descendiente de Abraham a través de la tribu de *Koreish*.

En tiempos de Harun-al-Rashid (786-809), los árabes están en su época de máximo esplendor. Se traducen los textos griegos y se producen grandes avances en Filosofía, Medicina, Astronomía y Alquimia. Empezará a aplicarse sistemáticamente la sensibilidad de los zahoríes (del árabe *zuhari*, adivinador, geomante) a la construcción de palacios, casas, castillos y mezquitas. Es cuando se reconoce el poder que las corrientes de agua, interiores o superficiales, tienen sobre las energías que afectan a los edificios y que pueden ser puestas al servicio de sus habitantes. Sus ingenieros fueron capaces de canalizar las corrientes para regar, para proporcionar placer a los sentidos, para obtener salud y para potenciar recintos místicos. Desarollaron inventos tan eficaces como la Noria (*na'úrah*), la acequia (*assáqya*), la aceña (*assánya*) o el aljibe (*al_úbb*). Condujeron sus aguas por canales misteriosos hasta fuentes situadas en lugares donde conseguían un efecto acústico-visual mágico capaz de llevar

Vista panorámica de la Alhambra de Granada.

a la consciencia y la concentración (Alhambra y Generalife de Granada). El pueblo árabe, que experimentó la sed en las arenas del desierto supo, precisamente por esta carencia, encontrar las energías latentes en el agua y rendirles el culto merecido, a la vez que aprovecharlas con racionalidad.

Mientras tanto, en el mundo cristiano el santuario experimenta una nueva evolución que le conducirá a constituirse en un centro de poder de características extraordinarias. El contraste entre los distintos desarrollos culturales árabes y cristianos es ahora máximo. Los primeros se encuentran en el momento cumbre de su civilización y los segundos, a duras penas pueden hacer otra cosa que guerrear para intentar expulsarlos, y ésto lleva a centrar todos sus esfuerzos en lo militar. El noventa por ciento de la población es analfabeta y los únicos restos de cultura están encerrados en los monasterios, donde unos monjes denominados amanuenses (que trabajan «a mano») recogen los conocimientos antiguos y copian e iluminan los libros sagrados.

Nos vamos acercando hacia el año mil, en la creencia general de que se produciría el fin del mundo, lo que influyó poderosamente sobre el vulgo ignorante. A este efecto contribuyeron especialmente unos libros singulares que se hicieron muy populares: los *Beatos*. El de *Liébana,* es el más conocido de todos ellos. Estaban basados en los *Comentarios al Apocalipsis de San Juan,* escrito por Beato (730-785), capellán de Adosinda, esposa de Silo, rey de Oviedo (Asturias), que estableció su corte en Pravia. Su iglesia principal era la de la cercana localidad de Santianes.

Este rey es el presunto inspirador de una misteriosa inscripción críptico-laberíntica que apareció en la iglesia del pueblo en el año 1975, donde puede leerse en todas las direcciones posibles la leyenda SILO PRINCEPS FECIT.

Copiado e ilustrado en diversas ocasiones hasta el año 1000 (existen unas 35 copias), con sus dibujos polícromos representando las escenas del fin del mundo, influyó poderosamente en el ambiente general del final del milenio. Su efecto real fue el de convertirse en una especie de manifiesto propagandístico que pregonaba las obligaciones que tenía el pueblo llano con Dios y con sus reyes y señores, cuyo cumplimiento aseguraba un buen puesto el día del Juicio Final en el Valle de Josafat.

Además hay otra circunstancia que contibuye al clima apocalíptico. Los edificios religiosos adquieren una nueva función, son refugio para protegerse de las inclemencias del tiempo y de los saqueos. Durante los largos días que transcurren en su interior, se queman grandes cantidades de incienso para paliar los malos olores. El humo de la resina va introduciendo en el torrente sanguíneo de los refugiados sustancias capaces de alterar su estado de conciencia con distintas intensidades. En estas circunstancias y bajo las proclamas amenazantes de los ministros de la Iglesia, el mundo se convierte durante algunos años en un lugar siniestro. Sin embargo, se empiezan a sentar las bases para la aparición del Románico, en el que el templo adquirirá las dimensiones del propio cielo, donde habita el Creador rodeado de santos y ángeles. Será a su vez una

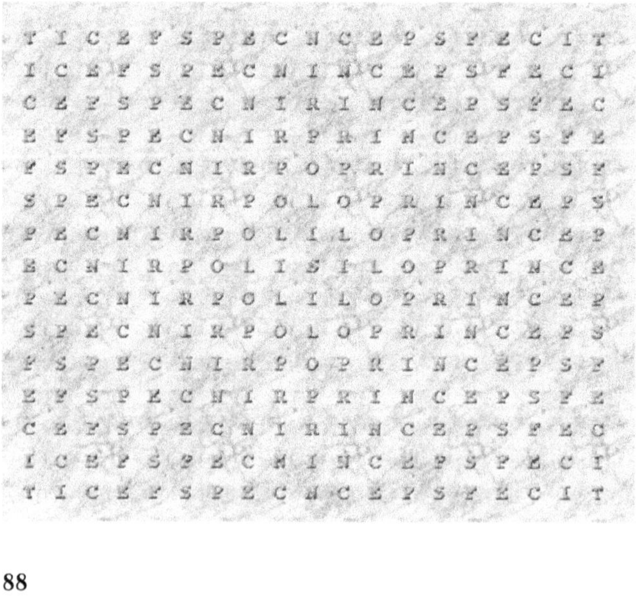

Reconstrucción de la lápida de Santianes de Pravia, con la leyenda «SILO PRINCEPS FECIT»

biblioteca en piedra donde poder leer la doctrina y conocer las obligaciones que Dios impone al hombre. Por fin, se convertirá en la cripta iniciática, la cueva artificial en donde mora la sabiduría que sólo se le entregará a quien demuestre inteligencia y capacidad de sacrificio para poder defender los intereses del Altísimo.

En este momento en Occidente Dios es el centro del mundo. El único eje sobre el que pivotan todas las cosas. La Alta Edad Media, un período oscuro en el que olía a sangre y humo por todas partes, iba a terminar con el milenio. Llega entonces uno de los momentos más importantes en la historia de la Humanidad. Va a darse un salto que permitirá que el conocimiento encuentre una vía para difundirse universalmente. Dos hechos son los catalizadores: las Cruzadas y las Peregrinaciones. Veremos como influyeron en la transformación de la humanidad, en su forma de entender lo mágico y lo sagrado, y en la morfología de los edificios destinados a «los dioses».

Pedro El Ermitaño predica la Primera Cruzada, que había decretado Urbano II en 1095, para liberar los Santos Lugares del yugo de los musulmanes. Miles de campesinos desarrapados marchan a conquistar Jerusalén arrasando todo a su paso. En Constantinopla, el basileus, Alejo Comneno les obliga a dirigirse hacia Asia Menor. Serían masacrados en las fronteras del Islam. Tras ellos marcharon gran cantidad de caballeros franceses que, al mando de Godofredo de Bouillón, sí consiguen llegar tomándo la ciudad santa en el año 1099 tras matar a muchos de sus habitantes . Una serie de órdenes religioso-militares habían empezado a ocupar aquellas tierras desde el año 1048, en que se fundó la Orden del Hospital de San Juan de Jerusalén. Al principio simplemente construyeron y atendieron unas instituciones a los que acudían los peregrinos enfermos o heridos. Pero pronto se establecería allí la más importante de todas: el Temple. Su nombre primero fue Los Pobres Caballeros de Cristo. Su primer maestre, Hugo de Payns, junto con Geoffrey de Saint

Omer, y otros siete caballeros, la fundan en el año 1119. El Rey de Jerusalén, Balduino II, los instala en los sótanos del antiguo Templo de Salomón de donde les viene el nombre por el que serían conocidos universalmente.

Su misión primera era la de proteger a los peregrinos en los caminos, tarea poco menos que imposible, puesto que sólo nueve caballeros poco podían hacer. Sin embargo, los investigadores nos cuentan que encontraron «algo» en aquel sitio que influyó poderosamente en el éxito de esta Orden, que en pocos años consiguió gran cantidad de posesiones. No muchos años después de su fundación, entre España y Tierra Santa había toda una red administrada por ellos. Llegaron a ser los primeros «banqueros» de Europa.

Pero independientemente de todo esto, su importancia radica en que se constituyeron en el puente efectivo entre Oriente y Occidente. Ésto sucedió por las siguientes razones. No sólo eran los cristianos enemigos de los árabes, también lo eran los persas que habitaban en el actual Irán. Allí, un personaje que casi alcanzaba la categoría de mítico, Hassan Sabbah, aglutinaba a su alrededor un grupo de guerreros ascetas y fanáticos conocidos como los «hashishins» (asesinos). Vivió durante 30 años en una fortaleza inexpugnable, el castillo de Alamut, situado a 2.000 metros de altura, desde donde dirigía a sus seguidores que eran la pesadilla de los poderosos. Estuvieron detrás de la muerte de casi todos.

Algunos investigadores niegan que hubiera relación entre esta secta y los templarios. Otros afirman, que debido a su alianza secreta con ellos en contra del enemigo común, los monjes-soldado tuvieron acceso a una serie de conocimientos secretos, recopilados por los «asesinos». Procederían éstos de otras civilizaciones orientales, como China, Japón, India o los monjes budistas de las remotas tierras de Mongolia, Manchuria y las montañas del Tíbet (donde había reinos secretos y sagrados como Mustang o Bhután). Jerusalén fue en aquel tiempo el punto donde confluían dos gran-

Restos de la fortaleza de Alamut. Persia.

des rutas medievales por las que circulaba de todo. La primera la Ruta de la Seda; la segunda, la que cruzando Europa llegaba y llega hasta Santiago de Compostela: la Ruta Jacobea. No sólo fue camino y espacio cultural por el que se producía el intercambio de mercancías, sino también de conocimientos. Esta circunstancia fue determinante para que llegaran a Europa cosas como los saberes alquímicos, astronómicos o de medicina, y «algunas cosas» más. Hay razones (que no documentos) que permiten pensar que parte de ellas fueron los conocimientos de la conocida como geometría sagrada, de origen superior, lógicamente empleada para hacer edificios sagrados tan importantes como las Pirámides o el Templo de Salomón.

En los caminos que iban desde Oriente Medio hasta Compostela, aparecieron una serie de agrupaciones de constructores con nombres significativos, como los *maestros canteros* o los *maestri campionesi* lombardos, agrupados en distintos gremios, cuyos nombres conocemos en algunos casos (*Hijos del padre Soubise, Hijos de Salomón, Hijos de la viuda*). Con su trabajo, anónimo en la mayoría de los casos, vistieron el espacio del antiguo imperio romano con ermitas, iglesias, monasterios, catedrales y otras construcciones civiles a las que dotaron de una misteriosa simbología y concibieron como verdaderos acumuladores de la energía de la Tierra. Estamos en el período románico, en la Baja Edad Media. Las marcas de cantero, o lapidarias, con las que marcaban las piedras, están presentes en todas sus obras.

El espacio sagrado ahora trata de imitar al Templo de Salomón. Se orienta siguiendo la senda del sol, que al amanecer entra por las saeteras de su ábside y al atardecer por sus rosetones y vidrieras, iluminando un espacio plenamente mágico, que recuerda las criptas en las que los sacerdotes egipcios realizaban sus ritos iniciáticos. Sus pórticos representan el cielo donde habita un Dios menos agresivo, menos amenazante. Precisamente por la influencia de los templarios, empieza a rendirse culto a personajes femeninos que habían sido menos relevantes hasta entonces, como la Virgen María o Santa María Magdalena.

Los templarios iniciados a su vez, introducirían la simbología y práctica alquímicas que, aunque en Toledo ya había sido utilizada por los árabes, aún no había pasado al ámbito de la cristiandad.

Esta oscura Edad Media terminaría con la explosión artístico-mística más formidable de la Historia. La introducción del Arte Sagrado, del Hermetismo, transformaría el románico en el gótico, en el que el santuario, como veremos, se concibió como una verdadera réplica del Cielo, con toda su gloria. La catedral, compendio de toda la sabiduría, es entonces un libro escrito en piedra que reúne todo el conocimiento secreto, todos los símbolos, todas las energías, todas las claves. Un engranaje equilibrado que establece un puente entre el hombre y la trascendencia mediante la consciencia. En su interior encontramos, incluso en nuestro tiempo, todos las vías por las que acceder a nuestra más íntima verdad.

El imperio de la razón

El Renacimiento es un periodo contradictorio. Mientras que, por un lado, se sitúa al Hombre como medida de todas las cosas y se resucitan modelos artísticos clásicos, por otro se crean instituciones represoras como El Santo Oficio y La Inquisición.

El primer tribunal medieval de Inquisición fue creado por Greogorio IX para reprimir la difusión de la doctrina de los cátaros (los «puros»), quienes ocuparon el sur de Francia extendiendo la herejía albigense. Su idea principal era el rechazo de lo material por su naturaleza diabólica (en realidad fue un movimiento de contestación por parte de los más pobres). Su persecución ocasionó fuertes reacciones, tanto por parte del pueblo como de los señores feudales. El 28 de mayo de 1243, un grupo de *cátaros* dirigidos por nobles rurales que venían de su último bastión, la fortaleza de Montségur, Languedoc, entró en el castillo de Avignonnet y mató a diez miembros del tribunal inquisidor. En el mes de marzo de 1244 les cercaron en su último reducto. Allí, tras varios días, fueron vencidos y 200 de ellos ejecutados en el conocido como «Llano de los Quemados».

En España, la Inquisición fue introducida por Jaime I de Aragón, siguiendo la recomendación que le hizo San Raimundo de Peñafort, su confesor. Su extensión a todo el territorio y a América tuvo lugar durante el reinado de los Reyes Católicos que empezó en 1483. Pasó a ser una institución autónoma dependiente directamente de la Monarquía, y sirvió al principio para controlar y reprimir a los judíos, que fueron expulsados en 1492. Fue abolida definitivamente por la reina regente María Cristina de Borbón, esposa de Fernando VII, en 1834.

En el campo civil, el Renacimiento supuso el alcance de notables grados de belleza en Pintura, Escultura, Música, Teatro y

Literatura, (bajo la protección de las antiguas musas: Euterpe, Talía, Calíope, Terpsícore). Se volvió a los modelos griegos y latinos, en los que se concedía gran importancia a las proporciones perfectas, así como al empleo en Arquitectura del arco semicircular. La aparición de la imprenta permitió que muchos conocimientos almacenados en los monasterios salieran y se pusieran a disposición de los legos. Comenzó una progresiva alfabetización y se realizaron grandes tiradas de libros. En 1452 Juan Gutemberg (el inventor «oficial» de la imprenta, que ya llevaba años utilizándose en China), publica la *Biblia de Maguncia*. La universidad, que había nacido en la Edad Media, se convierte en el nuevo templo sagrado del saber.

En religión, la austeridad ordenada por el mandato evangélico queda relegada a algunas órdenes monásticas. La Iglesia va adquiriendo cada vez más poder, riquezas e influencia, a la vez que se corrompe y encabeza la represión de todo cuanto huela a heterodoxo. Esto ocasonará un gran cisma. En el año 1517 Martín Lutero, un monje alemán (1483-1546), clava una lista con 95 «tesis» en la puerta de la iglesia de Wittenberg, criticando a la cúpula católica y exigiendo cambios. Empieza entonces la Reforma, que llevará a la aparicion del protestantismo tras el Concilio de Trento en 1545 (la Contrarreforma).

En lo político, van cambiando poco a poco los viejos modos, personificados en los últimos monarcas que mantienen aún esplendores imperiales, como Felipe II. Este rey «prudente», paradógicamente, era un hombre supersticioso con permanente mala salud que recurrió para curarse a la ayuda de toda clase de reliquias milagrosas —hay unas 7.000 almacenadas en el Monasterio—. También mandó crear un laboratorio de alquimia para que los iniciados renacentistas consiguieran dos cosas: convertir metales innobles en oro y plata, y fabricar mediante destilación medicinas con las que aliviar su mala salud. El primero con el que tomaría contacto sería el adepto veneciano Tiberio Roca, en 1557, con ocasión de su visita a Malinas (Flandes), quien infructuosamente trató de conseguir oro artificial. Después pasarían por el laboratorio, situado en la torre más occidental del Monasterio, entre otros, Marco Antonio Bufale, Leonardo Fioravanti y el destilador Francisco de Holbeque, hermano del jardinero de Aranjuez Juan de Holbeque. (*Los Hijos de Hermes. Alquimia y espagiria en la terapéutica española moderna. F.J. Puerto y otros. Corona Borealis, Madrid, 2001*).

Todas estas razones parecen poner en evidencia la contradición de un rey que, por una parte, apoyó y reunió a su alrededor objetos mágicos y personas expertas en ciencias ocultas, y por otra, dió el máximo poder a la Inquisición, la encargada de la ortodoxia y de la persecución de estas creencias y prácticas.

Esta ambivalencia se da también en materia arquitectónica. Los santuarios y edificios de la época corresponden a uno de estos dos estilos: Plateresco o Herreriano. El primero —de orfebre, platero—, mezcla elementos decorativos abigarrados de inspiración clásica (en este momento de moda en Italia) con otros autóctonos mudéjares y tardo góti-

Típica ilustración de contenido alquímico.

95

cos. Su resultado puede contemplarse en edificios cuyas fachadas son una masa abigarrada de follaje, con todo tipo de recovecos. El máximo recargamiento ornamental se da en el Barroco con el estilo llamado Churrigueresco, cuyo ejemplo más representativo es la puerta del antiguo Hospicio de Madrid, en la calle de Fuencarral. Hoy día da entrada al Museo Municipal. Fue realizada por Pedro de Ribera en 1722. Su grupo central, esculpido por Juan Ron, representa a San Isidoro recibiendo las llaves de Sevilla. Es Monumento histórico-artístico. El segundo –legítimo o no, Juan de Herrera le dio su nombre–, es extraordinariamente austero, de «severa depuración de los elementos clásicos del Renacimiento Italiano». Sus muros están casi libres de ornamentos. Las construcciones de este estilo tienen el aspecto de fortalezas.

Este clima contradictorio es el que preside la irrupción de la razón como motor de todo pensamiento.

Al XVIII se le conoce como el «Siglo de las Luces». La forma de gobierno es el Absolutismo. Los reyes tienen extraordinarias cotas de poder que conducen, salvo algunos casos, a crear una Europa

La Fuente Grande de Ocaña, obra de Juan de Herrera.
Su aspecto, independientemente de sus características prácticas, lo
convierten en un verdadero templo de las aguas.

96

dividida estructuralmente entre un inmenso colectivo de pobres —que lo eran mucho— y uno reducido de ricos —que también lo eran mucho—, «atrincherados» en las Cortes absolutistas. En medio, una clase intermedia de corruptos, delatores, intrigantes y traidores cuya subsistencia dependía directamente de la aristocracia, que los utilizaba al servicio de sus ambiciones.

Las intrigas políticas internas que tratan de cambiar esta situación conducirán paulatinamente hacia un fin de siglo dramático. Su producto característico serán las sociedades secretas, y particularmente una relacionada íntimamente con la arquitectura y las técnicas esotéricas con las que se construyen edificios y santuarios: los francmasones (posteriormente masones).

La palabra masón tiene su origen en la lengua germánica que hablaban los francos antes de convertirse en franceses. Viene del término mattjon, que luego se transformaría en metze y, ya en francés antiguo en mascun (o màchun). Los steinmetzer eran los talladores de piedras. En España, el mazón es el que realiza los trabajos menos especializados en la construcción y quien se encarga de la piedra sería más específicamente el cantero (el que desempeña su labor en la cantera –latomiae–). De ahí que aquí, a la masonería, se la denomina también latomia.

El prefijo franc hace referencia al término free y serviría en principio para distinguir a los trabajadores de la free-stone, o piedra libre (caliza, manipulable fácilmente), de los roughmason, que trabajarían las piedras más toscas. Simbólicamente, los francmasones, son los iniciados, un grado por encima de los maçons (albañiles). La talla de la piedra simboliza la del pensamiento y, a su vez, la construcción espiritual (*La Masonería*. Armando Hurtado. Edaf, Madrid, 2001).

La idea central de la francmasonería es concebir a Dios como el Gran Arquitecto, que utiliza el compás y la escuadra para construir el Universo. El iniciado pues es aquel que, a su imagen y semejanza, crea un reflejo. La consecuencia directa son sus obras, el recinto donde moran los símbolos sagrados. Su interior es el lugar donde hay que realizar los ritos esotéricos que permiten acceder a este tipo de conocimiento. La técnica de edificación del espíritu es la *gnosis*, orientada hacia un teismo humanitario, cuyo reflejo más cercano es la fraternidad y la ayuda mutua entre los miembros. Estos tienen prohibido revelar sus conocimientos bajo pena de muerte que incluye el «arrancarles la lengua» si hablan (se trata de una simple operación simbólica que jamás se llevó a la práctica).

Como sociedad secreta, durante el siglo XVIII, participó en los movimientos de agitación política que perseguían el derrocamiento de los monarcas absolutistas, asumiendo en muchas ocasiones la defensa de los intereses de los burgueses liberales. Fueron condenados por la Iglesia católica en el año 1738.

Su simbología puede rastrearse perfectamente en todas las obras civiles y religiosas inspiradas en estas ideas. Jardines, fuentes, edificios, puentes; incluso en algunas iglesias es posible apreciar la influencia masónica por parte de quien conozca un poco las ideas, prácticas e imaginería de estos iniciados. Veamos algunos ejemplos:

El triángulo, símbolo del número 3, representación de la Santísima Trinidad, y por ende de Dios. Su base representa lo general, y su vértice lo particular. Orientado hacia arriba es el fuego y todo cuanto asciende a un estado superior. Si en esta posición se le trunca simboliza alquímicamente al aire. Cuando se dirige hacia abajo, son los dones que descienden del cielo hasta penetrar en los misterios del agua. Y si orientado así se le vuelve a truncar, será la Tierra. Cuando dos triángulos se superponen, forman el Sello de Salomón, una estrella de seis puntas que revela la potencia del alma humana, el equilibrio entre el consciente y el inconsciente. En su punto central, según los alquimistas, se encuentra un principio inmaterial azoth, que sólo puede ser visto con la imaginación y el corazón del adepto abnegado.

La pirámide son cuatro triángulos sobre una base cuadrada, la Madre Tierra, la solidez. La superficie sobre la que se logra el equilibrio y el descanso. Para las culturas occidentales es la Gran Madre que se concentra sobre un recinto que confiere la inmortalidad. En Oriente, además, es la llama, el fuego que asciende hacia el punto que es el final, la consecución de la obra, el éxito. Su vértice simboliza la sabiduría y la antena por la que ésta se pone en contacto con la de las estrellas creando un flujo bidireccional que trasciende la distancia.

La esfera es a la vez el círculo, y éste, la perfección. Es la forma de los cuerpos celestes y del propio universo. Es el Sol, fuente de calor y luz. También el lugar donde habita la divinidad. Es la rueda que se mueve eternamente, sin fin, el eterno retorno, el karma, la reencarnación. En Oriente se la representa dividida por dos semicírculos interiores que forman una «S», cada uno de las cuales con-

El estilo herreriano se caracteriza por utilizar elementos geométricos sencillos, casi sin adornos, pero de gran contenido simbólico.

tiene otro pequeño círculo. Son ying y yang, la complementarie-dad, la dualidad, el equilibrio entre contrarios. La condición polar de la vida. Lo positivo y lo negativo. Sonido y silencio (sin los cuá-les ni la música ni nada podría existir) (*Diccionario de Símbolos*. Juan Eduardo Cirlot. Labor, Barcelona, 1987 y *El Lenguaje Secreto de los Símbolos*. David Fontana. Círculo de Lectores, Barcelona, 1993).

Hay muchos masones célebres, como Wolfgang Amadeus Mozart, Benjamín Franklin, e incluso se cree también que George Washington. Algunos reyes como Eduardo VII y Jorge VI.

Otra sociedad secreta del siglo XVIII fueron los carbonarios. Surgieron en Italia con el objetivo de derrocar a los emperadores extranjeros. Aunque ésta era una organización dedicada exclusiva-mente a la conspiración política (su estructura sirvió de modelo a algunos grupos terroristas modernos), muchos de sus ritos de ini-ciación destinados a preservar secreto y anonimato tenían un con-tenido simbólico que podría confundirse con el de los masones.

Estos siglos conocerán los primeros avances científicos y el triun-fo de la razón como sistema de elaboración del pensamiento, lo que llevaría a cuestionar muchos postulados defendidos por la doc-trina católica. Isaac Newton, Emmanuel Swedenborg, Linneo, Volta, Galvani, Lavoisier, Farenheit, con sus trabajos sentarán las bases de la posterior revolución industrial. En Filosofía las aporta-ciones de Manuel Kant y Blaise Pascal serán los cimientos que lle-varán posteriormente al materialismo dialéctico. El prusiano Joan Joachim Winckelmann será quien introduzca un nuevo método científico para analizar el pasado: la arqueología.

Las cosas así, el nuevo pensamiento iría haciendo impopular toda sensibilidad hacia todo lo sagrado y relegaría la magia a la categoría de superstición. Nueva herejía sería cualquier interpreta-ción del mundo que no se construyera mediante el pensamiento racional.

LA NUEVA ESPIRITUALIDAD

EL SIGLO XVIII TERMINA con la Revolución Francesa (1789). Es el fin de las monarquías absolutistas. La burguesía empieza a tomar el control de la dinámica social y la Iglesia va perdiendo paulatinamente su poder político y militar. La «Toma de la Bastilla» simbolizó un nuevo salto de la Humanidad, y una ruptura con el pasado. Empieza a escucharse una palabra olvidada desde los tiempos de la Grecia clásica: democracia.

La razón, que durante la etapa anterior, era la herramienta de uso obligatorio para la construcción del discurso intelectual, cada vez se consagra más como único método válido para la elaboración del pensamiento.

Aparecen nuevos modos de hacer la guerra que implican grandes desplazamientos de tropas a lugares lejanos y exóticos. Los ejércitos hasta ahora estaban formados por soldados voluntarios, pagados por los reyes y dirigidos por los nobles. También las clases bajas eran obligadas con frecuencia a aportar «clase de tropa» mediante levas obligatorias. A partir de este momento, la pertenencia a la milicia es un derecho y un deber de cualquier ciudadano, que debe ejercer voluntaria y casi gratuitamente para rendir servicio a su patria (la sacralización de la nación como elemento diferenciador, unificador y camino de futuro).

El siglo XIX es el del comienzo de los grandes descubrimientos arqueológicos. Debido a las campañas militares y a la investigación de hombres tenaces, como Botta o Schliemann (descubridores de Nínive y Troya, respectivamente), se empieza a estudiar las civilizaciones antiguas. Pero también es el de la destrucción y expolio de los viejos santuarios.

La campaña de Napoléon en Egipto camino de la India tiene lugar en julio del año 1798. Se hizo acompañar en ella por hombres de ciencia, literatos y dibujantes como el barón Vivant Denon.

A su vuelta a Francia, éste fue nombrado director general de Museos. Su importancia radica en la publicación de dos libros: *Voyage dans la Haute et Basse Egypte* y *Description de l'Egypte* (1809-1813, 24 volúmenes). A partir de este momento, la gente empezó a tomar conciencia de que existía una región bañada por el río Nilo que en el pasado tenía conocimientos formidables de arquitectura y de «otras cosas». Además, otro francés, Jacques Champollion, descubriendo la Piedra de Rosetta, desveló la clave que permitió traducir correctamente los jeroglíficos. Desde entonces la civilización más enigmática de la historia se convirtiría en el referente principal para los que creen que ciertas construcciones están relacionadas con el lugar que ocupan por algo más que razones económicas o de oportunidad.

Napoleón fue nombrado cónsul vitalicio en 1802 y posteriormente emperador en 1804. Tras pacificar Francia e introducir mejoras constitucionales apuntadas por la Revolución, como la libertad de cultos o la igualdad civil, secularizó los bienes eclesiásticos, con lo que muchos santuarios serían desmontados.

Napoleón Bonaparte.

Durante la Guerra de la Independencia (1808-1814), se saquearían y destruirían monasterios e iglesias españolas. Utilizados como campamentos improvisados para descansar, fueron profanados por los soldados. Se encendieron hogueras en su interior, y sus retablos e imágenes despojados de todas las riquezas que poseían y luego quemados. Mucha imaginería románica y gótica, que había resistido el paso del tiempo desde la Edad Media, quedó reducida a cenizas en tan sólo seis años. Los militares franceses, muchas veces ebrios, fueron incapaces de detectar las sutiles energías que sacralizaban esos lugares, y por tanto no les infundían el menor respeto. En una ocasión fueron víctimas de su propio vandalismo, cuando para calentarse emplearon adelfas (*nerium oleander*), una planta venenosa que al quemarse produce un humo muy tóxico. Encerrados en una capilla, donde se refugiaban del frío, aspiraron durante demasiado tiempo este gas letal.

En España, a partir de 1837, se van a producir diversas «desamortizaciones» (enajenación de bienes de la Iglesia para venderlos a particulares). La más conocida, la de Juan Alvárez Mendizábal, pretendía poner de nuevo las tierras a disposición de los campesinos. La realidad es que lo único que se consiguió fue la creación de grandes latifundios en manos de muy pocas personas. Su consecuencia más dramática es que, una vez en manos laicas, se expoliaron, destrozaron y abandonaron a la ruina muchísimos monasterios, iglesias y santuarios. La valiosísima documentación almacenada en las bibliotecas de todos estos lugares se dispersó o perdió.

Europa, desde finales del siglo XVIII, vive en la literatura y la arquitectura un movimiento de contestación a la abigarrada estética burguesa del barroco: el romanticismo. Sus inspiradores fueron Jean-Jacques Rousseau y Johann Wolfgang von Goethe. Su manifiesto, el prólogo a la segunda edición de las *Baladas líricas* (1800), escrito por William Wordsworth y Samuel Taylor Coleridge. A partir de este momento irrumpe una nueva élite intelectual que prima los sentimientos y la imaginación cuando interpreta el mundo. La emoción vence a la poderosa razón. La naturaleza es observada con una mirada completamente distinta. Ya no es simplemente de donde proceden o se almacenan los alimentos y se obtiene combustible y material de construcción. El espacio natural se convierte repentinamente en una formidable biblioteca de conocimientos escondidos en multitud de vestigios olvidados, que hasta ahora sólo eran ruinas.

El romanticismo es un estilo de vida y los temas elegidos por los escritores románticos son muy variados. Se interesan ante todo por la naturaleza, lo exótico, lo sobrenatural y el anarquismo como compromiso existencial. Buscan afanosamente lugares vírgenes, donde habita ese «buen campesino» que vive ignorante de la historia. La consecuencia es la idealización de todos estos sitios, atribuyéndoles características y poderes que, en definitiva, son sólo un recuerdo de la relación que tuvo el hombre con ellos antaño. Aumenta el gusto por la vida rural, desde la que puede contemplarse y sentirse mejor el paso de las estaciones y donde el contacto con la lluvia y los colores del otoño acentúa sus sentimientos de melancolía.

Lo exótico constituye un referente para la imaginación, que viaja tanto a los lugares lejanos que relatan las exploraciones en África, Asia y Oceanía, como retrocede hasta los relatos medievales. Se resucita a Arturo; James MacPherson descubre a Ossian; Coleridge nos descubre un reino sagrado y mítico, escondido en las montañas de oriente llamado Xanadú (*Kubla Jan*, 1797).

La enfermiza pasión romántica por ruinas y cementerios se envuelve en un ambiente sobrenatural donde se recuperan viejas leyendas y canciones. Gustavo Adolfo Bécquer (*Rimas y Leyendas*, 1861-1863), Jacob Ludwig y Wilhelm Karl Grimm (*Cuentos de hadas*, 1815), Hans Christian Andersen (*Cuentos infantiles*, 1850), o Hoffmann (*El hombre de arena*, 1880).

Gustavo Adolfo Bécquer debió inspirarse en este lago, la Fuentona de Muriel, para su leyenda *Los Ojos Verdes*. Es un espacio cargado de romanticismo evocador.

El anarquismo es para sus seguidores una forma de pensar que les permite ser libres e ir en contra de las doctrinas oficiales. Hay que distinguir entre el significado político de la palabra y su contenido existencial. En el caso de la literatura podría perfectamente sustituirse la palabra «anarquista» por «liberal». No son ateos necesariamente y su relación con lo sobrenatural, en ocasiones no es más que una pose estética.

Coincidiendo con el declive del romanticismo, a mediados de siglo nos encontramos con uno de sus más importantes representantes: Edgar Allan Poe (Boston, 1809, Baltimore, 1849). En sus poemas, relatos y novelas (precursoras de la «literatura de misterio»), aparecen los más diversos y escalofriantes lugares. Está muy influido, tanto por lo sobrenatural como por lo siniestro que flota en muchos de ellos. En la *Caída de la Casa Usher* (1839), crea una atmósfera ominosa e irresistible de terror que terminará por hundir

105

Edgar Allan Poe.

al propio edificio. En *El Pozo y el Péndulo* (1842), nos hará sentir un terror insoportable en una mazmorra de la Inquisición.

Poe fue un brillante escritor a la par que un alcohólico que frecuentemente abusaba de las drogas, lo que sin duda pesó sobre toda su obra. Su influencia resultó determinante sobre algunos monstruos sagrados de la «nueva espiritualidad», como Howard Phillips Lovecraft, ampliamente reivindicado por diversos grupos en el siglo XX como un auténtico profeta.

Este modo de pensar y sentir contrastaba fuertemente con la realidad social nacida durante la revolución industrial. Los movimientos obreros que llevaron a la aparición del comunismo, consagraron una ideología sin espacio para nada relacionado con lo espiritual. Aunque es cierto que estos movimientos de izquierdas consiguieron extender la alfabetización entre las clases sociales más bajas. El periódico se consagró como el nuevo medio de comunicación social. Sirvió, tanto para defender las ideas políticas, como para incluir colaboraciones literarias (cuentos, poesías) en las que se describen lugares lejanos. Así, las clases más bajas pudieron conocer las viejas culturas y sus obras.

En el último cuarto del siglo surgen dos personajes que, entre otros, introducen nuevas formas de entender y sentir la espiritualidad en contra de las doctrinas oficiales: Alan Kardec y Madame Blavatsky.

Un hecho fortuito conmociona a la sociedad en 1848. En una casa del barrio de Arcadia, en Nueva York, las hermanas Fox (Kate,

Margaret y Leah) experimentan una serie de fenómenos extraños. En el interior de inmueble se producen una serie de ruidos, golpes (*raps*) y movimientos espontáneos regulares e irregulares de objetos sin causa aparente. El ente que produce estos ruidos empieza a comunicarse con las tres hermanas mediante un código que, en principio, consiste en contestar a las preguntas con un sí o un no. Se sospecha del intento del espíritu de una persona fallecida que quiere comunicarse con los vivos. Al derribarse posteriormente un muro de contención de la casa aparecieron los restos de un tal Charles B. Rosma, que fue asesinado y emparedado.

A partir de este momento, aparecen por todas partes una serie de personas llamadas médiums, que afirman ser intérpretes de los mensajes emitidos por personas concretas del «más allá». Es entonces cuando uno de ellos, Allan Kardec, funda una especie de nueva religión: el Espiritismo.

Hippolyte Léon Denizard Rivail nació en Lyón, en octubre de 1804, en el seno de una familia católica. Se interesó por la Filosofía, y especialmente por la Pedagogía. Poseedor además de una gran cultura, escribió diversos libros dedicados a la educación. Entre 1835 y 1840, da cursos de química, física, astronomía y anatomía comparada. En estos años se muestra como inquisitivo y escéptico. Prueba de ello es que en 1854, Fortier, un magnetizador, le enseña una mesa giratoria y le comenta: «He aquí una cosa extraordinaria. No solamente se hace girar una mesa magnetizándola, sino que se la hace hablar; se la interroga y ella contesta». La respuesta es: «Yo creeré en ello cuando lo vea y se me haya

Allan Kardec.

probado que una mesa tiene cerebro para pensar, nervios para sentir y que puede convertirse en sonámbula. Hasta entonces, permitidme que no vea en ello más que un cuento para niños». En 1855 va a casa de la sonámbula Roger, donde es invitado a las sesiones que se realizaban en el domicilio de la señora Plainemaison. Su experiencia en ellas iba debilitando su escepticismo: «Allí fue donde por primera vez presencié el fenómeno de las mesas giratorias que saltaban y corrían, y ello en condiciones tales que la duda era imposible». Después de asistir a algunas sesiones en casa de la familia Baudín, empezó sistemáticamente sus estudios sobre espiritismo, empleando el método empírico y la observación minuciosa. Ya empieza a cambiar su nombre por el de Allan Kardec que, según él, había tenido en una existencia anterior, cuando había vivido entre druidas. Fruto de sus estudios son *El Libro de los Médiums* (1861), *Imitación del Evangelio según el Espiritismo* (1864), *El Cielo y el Infierno o La Justicia Divina según el Espiritismo* (1865), *La Génesis, los Milagros y las Profecías según el Espiritismo*, (1868). Escribió además tres obras de introducción: *Instrucción Práctica sobre las Manifestaciones Espíritas* (1858); *Qué es el Espiritismo* (1859) y *El Espiritismo en su más simple expresión* (1862), además de una complementaria: *Obras Póstumas* (1890). Fundó la Sociedad Parisiense de Estudios Espíritas el 1 de abril de 1858. Desde enero del mismo año dirigía la «Revista Espírita», hasta la fecha de su muerte, el 31 de marzo de 1869.

Los principios de su doctrina son: La estructura ternaria del hombre, compuesto de: *alma* o *espíritu* (inteligencia, pensamiento, voluntad y moralidad), *cuerpo* (soporte material impuro) y *periespíritu* (envoltorio sutil, intermediario entre los otros dos). Cuando el soporte alcanza el grado de degeneración límite programado por la genética, muere. Sin embargo el espíritu es inmortal. Una vez liberado de los lazos materiales, es capaz de manifestarse de diversos modos. El más habitual es un *médium* en estado de trance presidiendo una consola o mesa circular. A su alrededor están las personas que quieren conseguir el contacto con el difunto. Éste, se manifestará hablando por la boca del oficiante, o con golpes y ruidos que provocará en la mesa o en otras partes de la estancia.

El santuario de la nueva religión, desde mediados del siglo XIX, es una habitación victoriana en penumbra. Sus cortinajes y empapelado son oscuros. Está débilmente iluminada con vacilantes lámparas de gas que dibujan misteriosas sombras en las paredes, o con velas aromáticas.

El espiritismo, o doctrina espírita es seguido, incluso hoy por miles de personas, que encuentran en él consuelo, contacto y comunicación con sus seres queridos desaparecidos.

En diciembre de 2001 tuve la oportunidad de entrevistar a un prestigioso médium moderno, el brasileño Divaldo Pereira Franco. La charla se produjo después de una conferencia que había dado en la Casa de Brasil de Madrid. Mostró en todo momento una actitud serena y ponderada. Sus manifestaciones me permitieron darme cuenta de que era un hombre de extraordinaria cultura en todos los campos relacionados con la mente humana.

Helena Petrovna Blavatsky (1831-1891) es la fundadora de la Sociedad Teosófica (1875). Ésta iniciada fue la maestra que divulgó la enseñanza universal. Realizó viajes por todo el mundo para ayudar a todos los que tenían necesidad de crecer

Los espíritas piensan que ciertas manchas anómalas de luz que aparecen en algunas fotografías son espíritus que se manifiestan.
Foto obtenida en Praga.

espiritualmente como contestación a un mundo cada vez más materialista. Sus enseñanzas estaban orientadas a conseguir la autorrealización. Según su doctrina, el estado espiritual de la humanidad era distinto del que tuvo en el pasado; por tanto, para avanzar era necesario tener acceso a aspectos antiguos y secretos del conocimiento. En su discurso entran elementos como el karma, la reencarnación y el principio universal que está en el corazón de todas las religiones. Es la introductora del moderno esoterismo, descubriendo aspectos hasta ahora generalmente desconocidos.

Su principal misión fue la de informar de cuestiones a las que sólo habían tenido acceso tradicionalmente los iniciados. Su libro *La Doctrina Secreta* es un relato sobre la creación del Universo y la propia historia de la Tierra, la aparición y extinción de las razas, la Atlántida, etc. Desvela la existencia bajo la superficie del Océano Atlántico de las ruinas de las ciudades de aquella civilización que incluso podría haber construido las pirámides. La existencia de estos restos habría sido ignorada por los científicos ortodoxos para no tener que cambiar su concepción del mundo y las teorías oficiales sobre la formación del Universo y su posterior evolución.

En otro libro, *Isis sin velo*, se divulgan las claves necesarias para penetrar en los misterios de la teología, y también de las ciencias antiguas y modernas. Al igual que en la obra anterior hace referencia a unos *maestros ocultos*, entidades místico-sobrenaturales que viven escondidas en valles escondidos del Tíbet (Shambhala) de acceso imposible para los no iniciados. Ellos la habrían ordenado difundir la tradición esotérica que se inspira en la Cábala hebrea. La información divulgada por las obras de la Blavatsky fue útil para muchas personas con inquietudes espirituales a quienes las religiones oficiales no satisfacían.

Este siglo de movilizaciones sociales, que liberaron a las clases trabajadoras y que conoció los primeros esbozos de democracia, da paso a la centuria más convulsa de todos los tiempos. El día 28 de junio de 1914 es asesinado en Sarajevo el archiduque Francisco Fernando, heredero del trono austro-húngaro. Comienza la Primera Guerra Mundial. Antes de que acabara el conflicto, octubre de 1917, se produce el asalto al Palacio de Invierno, comienzo de la Revolución Rusa. Hacen su aparición los primeros gobiernos comunistas. Las masas revolucionarias quemaron toda clase de santuarios e iglesias, perdiéndose para siempre las huellas de muchos lugares sagrados de los territorios de Rusia y Asia Central. El conflicto, además, vendría seguido

La mítica Shambhala estaría en un valle escondido en los Himalayas.

do por un periodo de liberalización de ideas y costumbres. Afectaría a todos los demás campos, las artes, la técnica, la ciencia... Fueron los felices años 20.

Un hecho vino a reavivar el interés por los lugares mágicos. El día 24 de noviembre de 1922, Howard Carter, jefe de la expedición que había financiado Lord Carnavon en busca de tumbas egipcias, encuentra la más emblemática: la última morada del faraón Tutankamón. Un extraordinario tesoro de 3.274 años.

La difusión alcanzada por esta noticia fue causa de que un gran número de expertos y aficionados a la arqueología empezaran a recorrer todo el mundo en busca de restos del pasado. Paralelamente, todos los nuevos movimientos que aparecieron bajo el impulso del espiritismo y la Sociedad Teosófica realizaron sus propias investigaciones en busca de los viejos conocimientos.

En 1939, tras algunos conflictos locales, estalla la conflagración más grande y devastadora conocida: la Segunda Guerra Mundial, al principio restringida a Europa y el Norte de África, donde los ejércitos alemanes buscaban el petróleo necesario para sus campañas. El 7 de diciembre de 1941, los japoneses destruyen la flota norteamericana del Pacífico en la bahía de Pearl Harbour, y Estados Unidos se incorpora a la guerra arrastrando a numerosos países. El conflicto termina en 1945, con la entrada de los aliados en Berlín y la destrucción de Hiroshima y Nagasaki mediante las dos únicas bombas atómicas utilizadas en un conflicto.

A partir de este momento se inicia un cambio de mentalidad. Muchas personas, horrorizadas por cuanto habían vivido, empezaron a pensar por primera vez que la guerra no era la forma adecuada para dirimir los conflictos. Consecuencia de ello fue la potenciación de la Sociedad de Naciones que, a pesar de todo, ha conseguido evitar muchas confrontaciones, al menos entre los países de Occidente. Esta razón, más la expectativa de una destrucción masiva de la vida en el planeta, ha conseguido frenar, en parte, las ansias belicistas.

Todas estas causas consiguen crear un ambiente en el que aparece una nueva mentalidad: la autorealización. Una vez conseguidas seguridad y una razonable comodidad, los hombres han podido retomar las viejas religiones para darles un nuevo contenido espiritual. La mayor cantidad disponible de tiempo libre ha permitido dedicar mayor tiempo al crecimiento personal, incorporando viejas filosofías y conocimientos, incluso retomando viejas músicas étnicas (como la céltica o la africana).

La búsqueda de las viejas fuentes, incluidas las paganas, es el motor dela nueva espiritualidad de nuestro tiempo. Se trata de una mezcla pragmática entre elementos de lo laico, las viejas tradiciones y las incorporaciones eclécticas de todo cuanto tienen bueno que aportar las religiones vigentes. Tanto el budismo, como el taoísmo, hinduísmo, cristianismo, islam o las creencias chamánicas son fuentes de elementos útiles en nuestro tiempo. Y, por supuesto, se buscan afanosamente los viejos santuarios, que ya ocupan espacios sagrados desde tiempos a veces inmemoriales.

Con Hiroshima y Nagasaki se abrió la inquietante posibilidad de que el hombre pudiera destruir el mundo en segundos.

Priorato de San Frutos del Duratón, Segovia.

CLASIFICACIÓN DE LOS RECINTOS SAGRADOS Y MÁGICOS

ELABORAR UNA SISTEMÁTICA que contemple todas las posibilidades que llevan a definir un sitio como «lugar de poder» resulta complicado. Pero trataremos de aproximarnos algo, sin perjuicio de todas las aportaciones y rectificaciones que puedan hacerse posteriormente.

CARACTERÍSTICAS FÍSICAS

Materiales: Tanto en los lugares mágicos como en los sagrados, está siempre presente uno de los cuatro elementos primordiales de la naturaleza: tierra, agua, fuego, aire, o varios a la vez. La tierra (la piedra ante todo) ofrece seguridad y firmeza, es acogedora y maternal; el agua es el origen de toda vida, como hemos visto en el capítulo primero; el fuego es el calor, tanto el procedente del sol como el del interior de la tierra; el aire es el soporte material que permite volar a las aves, y el lugar donde situamos el paraíso y los seres superiores (el cielo, en definitiva).

Las rocas, con su masa, forma y textura, son la materia preferida a través de la que se manifiesta la madre Gaia, y además, desde la más remota antigüedad, nuestro cobijo. No es de extrañar pues la gran importancia que tiene como material básico del recinto, donde puede combinarse con madera, telas realizadas con fibras vegetales, incluso pieles de animales. En su interior se forjan los metales preciosos y los de uso ordinario para la confección de útiles (hierro, bronce, estaño). En sus paredes se representa el mundo mediante pinturas, grabados y esculturas.

Fue primera morada y refugio del hombre cuando descendió del árbol, por eso es el lugar, noble y majestuoso, donde encontró las condiciones adecuadas para instalar sus primeros santuarios.

El agua es el caldo donde perviven los enigmas más profundos. No es en sí misma un recinto de poder, pero forma parte de todos

EL LUGAR DE PODER

Características

Físicas

Materiales

Texturas
Granito
Caliza
Arenisca
Arena

Energías

Localización

Espacios dimensionales

Espirituales

La ley natural

Antropológicas

Filosóficas

Mágicas

Sagradas

Mentales

Ascéticas o Místicas

Clasificación

(en cuanto a la)

Localización

Naturales
Artificiales
Mixtos

Uso

Sagrados
Mágicos
Iniciáticos
Laudatorios
Festivos
Lustrales
Puertas
Sellos
Tránsito
Oraculares
Gnoseológicos
Depósitos

ellos. Es el cauce a través del que fluyen las energías que llegan al *sial* (la corteza de la tierra, 50 kilómetros aproximadamente), desde el horno atómico-plasmático que arde en el corazón del planeta Tierra (4.500° centígrados).

Siempre ha sido considerada la puerta mágica que da acceso a otras realidades distintas y desconocidas, porque en algún punto de nuestro código genético existe un baúl de recuerdos de nuestra etapa como habitantes del caldo primordial. Su simbolismo es bien conocido: se usa, en primer lugar, en los ritos lustrales o de purificación. También como agente encargado de la limpieza universal que arrastra no sólo las inmundicias que ensucian el cuerpo, sino también las del alma. Pero también es el laboratorio donde nace la vida entre penumbras azules. Un lugar enigmático donde se cocinan todas las sopas combinatorias que cada instante crean un nuevo ser vivo. En la profundidad abisal de los mares podemos aún encontrar entidades ignoradas, desconocidas,... crípticas; monstruos que el ojo humano quizá ha visto solamente una vez desde el ojo redondo de un batiscafo y que nunca volverá a ver. Además es el instrumento de poder de los dioses enfurecidos cuando las utilizan como castigo o premio. El bíblico Yaveh la empleó en el mito diluviano para arrasar y purificar una Tierra llena de seres díscolos e imperfectos. También es la que sostiene, hace crecer y nutre plantas y animales. Como un minero, se introduce en las rocas y les arranca tesoros minerales, energéticos y medicinales que guardan en sus entrañas. Es memoria de todo y antro donde moran los misterios. Además es libre, y también impredecible.

El fuego es la expresión de todo poder. Sus efectos son tan beneficiosos y necesarios como terribles. Es el «purificador» por excelencia. No arrastra las impurezas, como hace el agua; las destruye o las transforma. Es el principio que forja y moldea metales y cerámicas. Padre de la luz y transmutador de la materia. Sin él, no tendría lugar el proceso alquímico. Es el dios tonante y estremecedor que estalla iracundo, manifestando su poder a través de los volcanes y llena los cielos de nubes de ceniza. Pero también es el Sol y también,… las estrellas. La energía del Universo que promociona la vida donde sea posible (de momento, nuestro planeta y posiblemente en muchos otros rincones).

El *aire* es la materia invisible, pero también imprescindible en todo recinto. Si se mueve con fuerza es viento; si con delicadeza, brisa. En algunos recintos hace vibrar las rocas y las hace sonar como si fueran un arpa. Cañas, campanillas y campanas bailando al viento. Es el alma de los instrumentos musicales mágicos y hálito que purifica la atmósfera barriendo los residuos que deja el fuego. Esculpe rocas y dunas transformando la lluvia en agudo y paciente cincel. Excita y enciende nuestros sentidos, y permite ver lo invisible con los ojos de la piel. Es también quien pinta el horizonte con el juego infinito de luces de la biosfera. La paleta donde se combinan todos los colores que el hombre puede ver.

Texturas: En la superficie de toda materia sometida a la acción de aire, agua y fuego, se forman texturas que son la verdadera voz de lo aparentemente inanimado.

Cuando el lugar se encuentra en zona abundante en granito, los santuarios suelen estar a la intemperie y sin muchas cavidades. Esta roca es sólida; su superficie araña por la presencia de cristales de cuarzo y láminas de mica y se talla con bastante precisión. Ha servido para realizar aras, escaleras, balcones y hornacinas. Las sugerentes formas que toma son debidas a la erosión y por eso, algunos pueblos primitivos las han confundido con seres congelados por el tiempo. Varios ejemplos son, el «Fraile» penitente, de la Calzada de los Gigantes en El Escorial, el «Cáliz» y el «Yelmo», en la Pedriza de Manzanares el Real. Las ciudades de ensueño de la Angostura, en la Sierra de Gredos, *etc.* Muchos edificios nobles y santos, como el Monasterio de El Escorial, han sido realizados con ella.

Es una roca plutónica formada por tres minerales: cuarzo, feldespato y mica (con diferentes proporciones y grados de degeneración), albergue de líquenes y musgos. Es muy abundante en el centro de España. Una de sus características más singulares y peligrosa es que libera a la atmósfera gas radon radiactivo. Las casas y recintos construidos con este material deben ser ventilados frecuentemente para evitar los efectos tóxicos sobre sus moradores.

La mayor parte de las veces los santuarios están en regiones abundantes en calizas formando a veces complejos kársticos (con abundancia de grutas). Éstas son rocas sedimentarias compuestas en su mayoría por carbonato cálcico, mineral que se disuelve muy fácilmente en el agua por su alto contenido en dióxido de carbono. Los agentes atmosféricos, lluvia, hielo y aire, las moldean, de manera que adquieren multitud de formas que estimulan poderosamente la imaginación. Sobre todo, las aguas subterráneas excavan en su interior las oquedades donde los hombres crearon sus primeros hogares. Tanto al aire libre, como en cavernas, simas y grutas profundas, se comportan como buenos amplificadores de fenómenos magnéticos y energético-telúricos. La vegetación asociada suele incorporar algunas especies de plantas utilizadas tradicionalmente para obtener alcaloides. Su tacto es muy típico y produce efectos instantáneos aunque no se tenga una especial sensibilidad, quizá por eso fue preferida para instalar los más tempranos santuarios de los hombres. La pared caliza es el lienzo donde se realizaron las primeras representaciones artísticas, tanto mediante pinturas como inscripciones.

La piedra arenisca también ha sido utilizada con frecuencia por su facilidad para ser trabajada con instrumentos blandos. En la Edad Media se aprovechó esta característica para labrar en ella tumbas antropomorfas y ermitas. Existen muchos ejemplos de todo tipo de santuarios en arenisca, como la roja Ayers Rock, en Australia. Termancia (ver páginas 48 y 49), en la provincia de

Típico paisaje kárstico.

Soria, es una ciudad tallada totalmente en este tipo de roca. Sus constructores practicaron en su interior conducciones de agua, pozos y un acueducto. Al igual que la caliza, su escasa dureza facilita la creación de petroglifos. En ocasiones, sus formas retorcidas y energía interna crea singulares paisajes de poder como Montserrat (Barcelona) o el rojizo Valle de los Milagros (Guadalajara).

La arena de los desiertos, e incluso la de algunas playas, capta la energía suficiente para permitir la existencia de algunos recintos al aire libre, como los oasis o ciertas playas dedicadas desde la antigüedad a establecer contacto con entidades superiores invisibles, como las islas sagradas de la costa gallega, las Cíes.

Energías: Llegamos justamente a lo que da poder al recinto, sus manifestaciones energéticas. Las hay de dos clases: visibles e invisibles, las que se sienten con los cinco sentidos y las que activan algún mecanismo interno desconocido.

Las energías visibles se aprecian por sus efectos. La erosión es el fruto de un poder real que de modo contumaz, durante años, ha sido capaz de modelar las cosas, dándoles personalidad propia. Las causas de los caprichos esculpidos por el agua o las huellas de la actividad volcánica, por ejemplo, son obvias. Sin embargo, en muchas ocasiones descubrimos fenómenos que parecen contravenir las leyes de la física. Una estalactita suele ser vertical; crece hacia abajo gracias al sedimento de sales disueltas en una gota de agua que, cumpliendo la ley de la gravedad, cae machaconamente durante siglos. Pero cuando nos encontramos con las conocidas como excéntricas (o elictitas), y vemos que se retuercen de un modo incomprensible, girando repentinamente hacia arriba, contra toda lógica, asistimos a un verdadero espectáculo. Lo mismo podríamos decir de algunos flujos de agua que debieran ir por el lecho adecuado, y lo hacen por el sitio más difícil e incomprensible. Entonces sospechamos que ciertas energías invisibles influyen sobre la materia de modo inhabitual.

El médico alemán Ernst Hartman, en los años 50, descubrió una «red» de radiaciones que cubre la Tierra a modo de malla. Son dos tipos de líneas de fuerza de unos 30 centímetros. Las primeras descienden de norte a sur separadas por un poco más de metro y medio (160 cm). Las segundas van de este a oeste un poco más separadas (190 cm); verticalmente ascienden hasta la estratosfera.

Por su parte, su compatriota y colega Manfred Curry describe otra. Ésta, formada por franjas de 15 cm de ancho que se orientan en diagonal con los puntos cardinales, separadas por unos 0,85 cm. Donde se cruzan dos líneas de Hartman o de Curry, se producen fenómenos positivos y negativos que afectan a los objetos y a las personas. Y cuando lo hacen además con ciertas corrientes subterráneas de agua, el efecto se amplifica.

También se producen continuamente sutiles vibraciones de origen tectónico y telúrico sólo detectables por mecanismos de precisión. Incluso ciertas personas, zahoríes o, más modernamente, rabdomantes, dotados de una especial sensibilidad, pueden sentir su presencia. Su «don» les sirve también para encontrar cables eléctricos, flujos de agua y objetos ocultos (en el pasado se les contrataba como expertos para detectar pozos y fuentes, así como de las condiciones más idóneas para emprender una construcción, sin importar su calidad).

Los chinos han desarrollado técnicas geománticas, que conocemos con la denominación Feng Shui. Utilizando mapas y tablas misteriosas en las que aparecen dibujos y combinaciones de seis líneas (I Ching), deciden dónde hay que construir y cómo hay que hacerlo. También establecen lo que es conveniente o no poner en el interior de las casas, y el lugar exacto en el que mejor aprovechan las energías positivas que influyen sobre sus habitantes.

Los lugares sagrados y mágicos son elegidos precisamente por ese «poder» de que les dotan las energías.

Localización: Contemplando un paisaje podemos intuir si alberga un recinto de poder. Desde la planicie pelada y azotada por el viento, hasta el bosque lujurioso que crece entre torres y agujas calizas (*Sete Cidades*, Piauí, norte de Brasil), la variedad de posibilidades es infinita, por lo que no vamos aquí a elaborar una clasificación exhaustiva, aunque conviene dar algunas directrices que permiten reconocerlos.

El caminante que observa la naturaleza recibe de ella una serie de impresiones que en ocasiones no pueden describirse con una palabra concreta. Algunos sitios, por ejemplo, parecen rechazar la presencia humana de un modo desagradable. Otros, sin embargo, inducen una gran sensación de paz. Las mentes racionales lo atribuyen al clima, a la combinación de colores, a los aromas que flotan en el aire, o a recuerdos de la infancia. Sin embargo, la intuición indica que hay «algo más».

Primero, el inconsciente guarda muchas claves que nos son desconocidas, porque forman parte de la herencia recibida en los genes. Segundo, la estética natural es fuente de experiencias diversas que el lóbulo derecho del cerebro analiza en clave espiritual. Finalmente, existen sensaciones que parecen influirnos sin pasar por la barrera de los sentidos. ¿Qué es lo que sucede?

No hay respuesta sin antes hacernos algunas preguntas esclarecedoras: ¿qué calificativo nos inspira este lugar? (»estremecedor», «inquietante», «misterioso»); ¿cómo se llama y cuál es la relación que tiene con esa sensación subjetiva?

Los topónimos suelen ser una buena fuente de información que ayuda a encontrar las respuestas. En muchos pueblos de España, por ejemplo, hay sitios conocidos como «La cueva de los moros», «La peña del tesoro», «El cerro de los Santos», «La milagrosa» o «La fuente santa». Estas son las llaves del baúl de la memoria histórica almacenada por las distintas generaciones que han experimentado allí estas sensaciones y las han clasificado según sus creencias. El nombre es consecuencia de los fenómenos insólitos que se dan allí.

Espacios dimensionales: Algunos lugares, según se sospecha, actúan como puertas entre dimensiones. La desaparición ocasional de objetos y personas que, posteriormente han reaparecido en otra parte o tiempo, han llevado a creer que primero, existen varios planos de existencia paralelos y, segundo, es posible pasar de uno a otro en ciertos sitios y circunstancias.

En estos mundos, el tiempo, por ejemplo, funcionaría de modo distinto. También habría diferentes grados de desarrollo tecnológico y de civilización. Algunos ufólogos creen que es el mecanismo utilizado por las «naves espaciales» para llegar a la Tierra (por lo tanto, no procederían de otros puntos del Universo, sino de otros «mundos paralelos»). La física cuántica describe algunos fenómenos incomprensibles que tienen lugar en el nivel subatómico.

Partículas que se manifiestan por su «no-existencia», o sea, tenían que haber estado y no lo hicieron. Hay otras que atraviesan dos orificios separados a la vez. Algunas sincronizan su movimiento simultáneamente a gran distancia, unidas por una fuerza misteriosa e invisible. Radiacciones que superan la mítica velocidad de la luz sin aumentar su masa. En definitiva, observaciones que permiten adivinar distintos espacios de existencia para las cosas, más allá de los habituales.

Un fenómeno que ilustraría, a su modo, un traspaso dimensional es el que podemos observar cuando tras el rayo suena un trueno, que es un conjunto de millones de microestampidos originados por cada una de los millones de partículas (electrones) que superan de repente la velocidad del sonido (332 metros por segundo). Hemos podido ver un fenómeno antes que poder escuchar su sonido.

Mucha gente relata haber experimendado trances y viajes en el tiempo dentro de un recinto de poder, así como haber tenido visiones y experiencias subjetivas de tipo paranormal.

La Casa del fraile, Orusco de Tajuña, Madrid. Buen lugar para meditar.

Características Espirituales

La Ley Natural: Tanto el recinto mágico como el sagrado, es el lugar destinado naturalmente a la negociación con los entes espirituales, según las creencias de cada uno de los seres humanos. Por lo tanto está destinado, en el caso de los superiores (dioses), a la alabanza, al sacrificio mediante la ofrenda –personal o material– y al ruego o petición. Si se trata de los intermedios (gnomos, genios, hadas,...) a invocar su poder para hacer el bien (magia blanca) o para hacer el mal (magia negra).

Antropológicas: Frecuentemente se transforman en símbolos del poder de los hombres, que diseñan ritos y ceremonias buscando propiciar el favor de los dioses para un pueblo en particular. Inexorablemente el tiempo los transforma en lugares de intercambio de creencias y símbolos de carácter universal, que en cada época serán adoptados por quienes administren en ese momento las energías del santuario. Algunos acumulan tanto poder que son venerados y respetados por todos, a pesar de las rivalidades. Delfos, un ejemplo, jamás fue atacado ni destruido, y aún conserva buena parte de su antiguo poder. Algunos sitios han sido respetados por las guerras sin necesidad de un acuerdo. Por ejemplo, muchas catedrales se han salvado de los bombardeos, aunque lamentablemente sus paredes muestran a veces el recuerdo de las balas de los pelotones de fusilamiento.

Filosóficas: Es también el lugar donde los sabios conversan y dan respuesta a las grandes preguntas de la vida. Así nacen las grandes corrientes doctrinales desarrolladas por la Humanidad. La filosofía da sentido a la vida mediante el razonamiento lógico transformado en la palabra, que se hace también sagrada aquí. Ágoras, areópagos, asambleas, claustros, salas capitulares,... son depositarios del poder acumulado por las enseñanzas de los sabios a lo largo del tiempo. Verdaderas bibliotecas de conocimiento que permanece en sus paredes, aparentemente concebidas para albergar esta función.

Mágicas: Según los magos, cualquier entidad menor también puede ser invocada en un espacio sagrado (un cementerio, un ermita, una cripta), porque en él es donde se inicia el proceso de comunicación. En su interior, ciertos objetos rituales reciben la fuerza que permite utilizarlos como llave que activa ciertos poderes ocultos. A partir de entonces, su fuerza les permite actuar en cualquier lugar con la simple orden de su dueño. Se transforman en la nueva morada en donde habitan los espíritus, donde almacenan sus poderes, que pueden ser liberados por la voluntad de quien los han encerrado en su interior (es la alegoría de *Aladino y la Lámpara Maravillosa,* en el cuento de *Las Mil y Una Noches*).

Sagradas: Los Santuarios se construyen en lugares donde se han registrado apariciones de entidades sagradas que a su vez sacralizan el lugar. En realidad se trata de fenómenos que, según las creencias de cada época, se interpretan de modo distinto. Una única manifestación puede dar lugar a un culto a Isis, o a Tanit o Ceres, y posteriormente ser asumido por el cristianismo y transformarse en el tiempo en un culto mariano. Sin embargo su carácter sagrado no depende de la entidad que los ocupe en ese momento.

Las ceremonias, fiestas y consagraciones, persisten en el tiempo con pocas variaciones, aunque cambie el objeto de veneración. Investigadores como Juan G. Atienza, Mircea Elíade, y otros afirman que iglesias, ermitas, santuarios, monasterios, fuentes mágicas, estanques sagrados, etc., son como cebollas; tienen muchas capas que crecen desde el corazón, el germen, la prehistoria. Las maias, festejos populares romanos en los que unas muchachas que representaban a la reina Flora bailaban sobre unos carros en movimiento, son el origen de las actuales romerías.

Mentales: La mente humana trata siempre de estructurar todo cuanto conoce porque sólo el orden le permite sentirse cómodo y seguro. La sensación insoportable que se produce ante lo desconocido, lo imprevisible, sin asideros para agarrarse y no caer en un vacío vertiginoso, debe paliarse poniendo nombre a las cosas en busca de un referente. Paradógicamente esta práctica origina ciertas aberraciones que afectan a los espacios sagrados. El cristianismo muestra varios ejemplos. En el caso de la Virgen, las diferentes denominaciones, miles, de los fenómenos marianos dan lugar a un folclore sorprendente. Distintos barrios, cofradías, incluso pueblos, disputan por ser los más fervorosos y sumisos a distintas adscripciones de lo que es, en definitiva, la misma entidad, la Virgen María (Virgen de Los Remedios, de la Esperanza, del Olivo,...) Los mismos seres y lugares sagrados se utilizan para justificar distintas sectas, facciones y adhesiones fanáticas. También podemos hablar de miles de Jesucristos distintos. Todos son el mismo Redentor, pero el fervor a uno concreto, el de Medinaceli, se manifiesta como irreconciliable con otros como el Cristo de los Faroles, pongamos por caso. La razón está en el desamparo y debilidad del hombre, que necesita perentoriamente pertenecer a un grupo y ser reconocido por él como miembro (Abraham H. Maslow). Pero también hay aspectos positivos. En muchas ocasiones el recinto es el refugio donde la mente encuentra el sentido de la vida y el amparo ante las agresiones vitales.

Ascéticas y místicas: La relación de algunos hombres con los recintos de poder es silenciosa, desprendida y alejada del mundo. Enemiga de cultos masivos, festejos, luces y riquezas. Son los eremitas y ascetas, aquellos hombres que se han retirado para dedicarse a la vía de la contemplación y al servicio de Dios. Siempre han buscado refugio y morada en lugares sagrados alejados, escondidos, austeros, y preferentemente en contacto con la naturaleza. Allí, santificando el lugar con su presencia, han sido punto de referencia, incluso después de su muerte, para muchos peregrinos, con lo que han acrecentado su poder perceptible.

Dos cuevas eremíticas. Arriba, Brihuega, Guadalajara. Abajo, Ercávica, Cuenca.

Clasificación

En cuanto a la localización

Naturales: Son aquellos sitios en los que no detectamos la intervención humana o, si ésta existe, es muy ligera o rudimentaria. En ellos suceden fenómenos de naturaleza electromagnética o telúrica. Frecuentemente, son lugares donde se han producido milagros, apariciones o prodigios de índole espiritual. Su descubrimiento se produce por un hecho puntual o por la observación empírica de los efectos beneficiosos o negativos que tienen sobre las personas y los animales (es sabido que los primeros santuarios se situaban donde iban a dormir o descansar ciertos animales, y consistían en un sencillo altar). En ellos hay que tener en cuenta además el entorno, la vegetación, características geomagnéticas, composición mineral del suelo y rocas, sequedad y humedad, especial capacidad de atracción de rayos durante las tormentas, etc.

Artificiales: Son los construidos por el hombre, fruto de su voluntad y decisión. Aprovechan generalmente las características de un lugar de tipo natural. En principio, su carácter sagrado está restringido a lo cercano, a lo local. Posteriormente, la fe y el aumento del número de personas que lo consideran un lugar prodigioso, aumentan su popularidad y por tanto su poder y fama.

En estos recintos se produce un fenómeno que se conoce como impregnación, consistente en que ciertos objetos, como reliquias o imágenes que representan a santos o personas sagradas, absorben el poder del recinto y lo incorporan. El fenómeno tiene dos direcciones, puesto que la fe y veneración popular por estos objetos contenidos en relicarios, altares u otros, acaba por devolver el poder que les da su popularidad al propio recinto en un fenómeno típico de retroalimentación que trasciende los límites del tiempo.

El Palmar de Troya.

En ocasiones se producen fraudes, cuando la aparición o los fenómenos que dan origen al lugar sagrado no son sino un montaje, alrededor del que se mueven grandes cantidades de dinero que sirven para construir falsos santuarios (la basílica del Palmar de Troya).

A veces un lugar falso, gracias a la veneración de miles de fieles crédulos y fanáticos, termina por convertirse en un lugar con cierto poder.

Mixtos: En ocasiones, un santuario artificial alberga en su interior otro natural, que es el que le da sentido. El segundo envuelve, arropa y protege al primero, y recibe de él su carácter sagrado. Las energías que se manifestaban en el recinto interior cuando era o formaba parte de uno natural, ahora se potencian y amplifican en un edificio construido inteligentemente, basándose en los conocimientos implícitos en la geometría sagrada. Son los recintos más poderosos, puesto que contienen en su interior la semilla energética ancestral creada en el momento del nacimiento del propio Universo.

Sagrados: Son los que son puente entre los hombres y sus dioses, sean éstos cuales sean. Es el lugar de poder más común, consagrado como idóneo para la ceremonia, el rito, la liturgia y todos los elementos simbólicos que le confieren grandeza y misterio. Pueden estar dedicados a una única deidad o a varias. Mantienen todo su poder en el tiempo y, aunque las guerras y las revoluciones han acabado con muchos, su emplazamiento ha quedado impregnado sin duda. Como ejemplo podemos citar La Meca.

Mágicos: En ellos se manifiestan las energías positivas y negativas que hay que poner a nuestro servicio. Su fenomenología permanece oculta por su administrador o administradores, que la descubrieron y guardaron celosamente, o aparece de modo espontáneo. Son ventanas que permiten asomarse a los misterios, tanto de las potencias interiores de la Tierra como de la voluntad humana. En ellos, el único guía es la sensibilidad individual y subjetiva. Así podemos afirmar, por ejemplo, que Toledo es una ciudad mágica independientemente de la distinta calidad de sus componentes individuales.

Iniciáticos: Algunos lugares cumplen la función de servir para traspasar los conocimientos ocultos a los neófitos. Éstos se cargan con las energías necesarias para realizar las tareas que, a partir de este momento, serán el objeto de su vida y el centro de su pensamiento. Son como el atanor, el horno cósmico, donde el adepto realiza la transmutación alquímica de los metales, a la vez que la suya propia. Un buen ejemplo es el monasterio de El Escorial o la ermita de San Bartolomé, en el Cañón de Río Lobos, en Soria.

Laudatorios: Sirven para alabar a entidades superiores en busca de todo tipo de mercedes (relacionadas con la salud, con la riqueza o con la posición social). El inferior tiene el mandato natural de expresar su compromiso de obediencia al superior, sobre todo si se trata del creador, el demiurgo platónico. A cambio obtendrá su favor y generosidad. En el pasado tenían aras o receptáculos para votos y sacrificios. El *Antiguo Testamento* es todo un muestrario de ellos, como el propio Templo de Salomón. Los griegos y los romanos institucionalizaron la ofrenda como forma, no sólo de alabanza, sino como signo de prestigio y posición social.

Festivos: Son los destinados a ritos de celebración de los antiguos ciclos agrícolas, y que han evolucionado hasta alcanzar el patronazgo de alguna Entidad Sagrada posterior (en el mundo romano Ceres, Cibeles o Flora; en el cristiano Vírgenes y Santos).

El carácter festivo tiene una simbología antiquísima, de carácter postivo y negativo. El invierno representa la muerte y el descanso generatriz, así como la primavera significa la resurrección. Este hecho está bien ilustrado por las procesiones de Semana Santa que, independientemente de su evocación de la Crucifixión de Jesús de Nazaret, son también el recuerdo de antiquísimos ritos que han sido asimilados en época moderna por el cristianismo.

Lustrales: Hay algunos sitios destinados a la purificación de todo lo malo, pecaminoso o contaminado. El medio utilizado es el agua, el disolvente universal, la incontenible fuerza limpiadora. El bautismo es uno de los más importantes ritos de poder. Las pilas donde se realiza son un réplica doméstica del río Jordán. Santiago de Compostela es un buen ejemplo de redención del peregrino que llega hasta allí.

Puertas: Es donde se produce el supuesto traspaso entre distintas dimensiones, tanto espaciales como temporales, la ventana por la que se vislumbran los mundos paralelos. No sabemos como funcionan, ni cómo utilizan sus propias energías. Su apertura en ocasiones ha provocado cambios en el devenir histórico. El investigador Pablo Villarrubia en sus libros, *Guía de Brasil Insólito* y *Un viaje mágico por los misterios de América*, nos señala la sospechosa frecuencia con que los avistamientos de esas misteriosas entidades lumínicas y voladoras conocidas como «ovnis» se producen en este tipo de sitios. Muchos están sospechosamente a la orilla del mar.

Sellos: Son los lugares «custodios» de las energías negativas y dañinas. Impiden el paso a los enemigos del hombre. Según la magnífica hipótesis literaria expuesta por Javier Sierra en su libro *Las Puertas Templarias*, algunas catedrales góticas francesas, que supuestamente reproducen en el suelo la constelación de Virgo, tapan «pozos» por los que el diablo puede ascender desde el infierno. Uno de ellos estaría en los mismísimos sótanos del Templo de Jerusalén. Los Pobres Caballeros de Cristo (Templarios), habrían tenido como misión su cierre definitivo. También hay quien considera que El Escorial es una de esas tapaderas basándose en una vieja leyenda.

Tránsito: Para asegurar la resurrección o buscar el alivio de las enfermedades, están los lugares de tránsito. Su fuerza es la de la entidad espiritual a la que están advocados como consecuencia, generalmente, de un fenómeno milagroso. Son numerosos, porque representan siempre una última instancia a la que recurrir cuando fallan todas las demás. Algunos han alcanzado gran fama y son destino de peregrinaciones masivas, como Lourdes, Fátima o Covadonga.

Oraculares: Las entidades suprahumanas eligen sitios concretos para manifestarse mediante señales que luego sus sacerdotes interpretan. Sus mensajes suelen tomar forma de profecías referidas al futuro del propio individuo o al de un pueblo y sus dirigentes. Unas veces contienen una advertencia velada o explícita, y otras una simple recomendación. Fueron muy famosos en el mundo clásico. Influyeron poderosamente en la política de su tiempo, y lógicamente en el desarrollo de la historia. Un ejemplo es el ya mentado Oráculo de Delfos, sobre el que tendremos que volver.

Gnoseológicos: Son los almacenes de la información de poder, o sea los conocimientos ocultos que permiten acceder a los misterios no aclarados del mundo. Su aspecto es el de bibliotecas a las que sólo tienen acceso quienes están preparados y superan un proceso de admisión Sus conocimientos pueden almacenarse en libros y escritos, o estar ocultos en la propia piedra mediante la combinación de diferentes elementos geométricos. Un buen ejemplo: la catedral de Sigüenza.

En la catedral de Sigüenza, el obispo guerrero, don Bernardo de Agen, descansa bajo un curioso crucifijo.

Depósitos: Distintas leyendas afirman que los duendes y gnomos custodian grandes tesoros escondidos en el interior de la tierra. Es una forma literaria de describir algunos recintos que son eso exactamente, simples depósitos de riquezas o de energías. Minas, canteras, incluso montañas enteras, atesoran poderes que, según van siendo descubiertos, se transforman en materia prima del futuro lugar mágico o sagrado. Como ejemplo, en una colina, cerca de la localidad madrileña de Cenicientos, en un lugar prácticamente desconocido donde se crían las perdices, hay un santuario creado por la naturaleza, donde las piedras son las protagonistas. Sus efectos son evidentes para quienes tienen la suficiente sensibilidad, que inmediatamente se dan cuenta que están en un sitio especial.

¿Menhires, o formaciones caprichosas de la naturaleza? Sin duda lo segundo. Pero hay que estar allí para sentir la fuerza que tiene este lugar, capaz de modificar, incluso, los sueños.

REDES ENERGÉTICAS

Ya hemos conocido anteriormente la existencia de las conocidas como Redes de Hartman y Curry. También hay otras, por ejemplo, las de Peyré. Antiguamente los zahoríes carecían de medios para medir la actividad telúrica, hasta la aparición del Biómetro de Simoneton, que medía en ansgströms los alimentos hasta las 10.000 unidades. Posteriormente, ante lo inadecuado de este sistema, nacieron las conocidas como unidades bovis, nombradas así por Roger Ranchous. Los modernos radiestesistas las usan como medida cuantitativa de la calidad vibratoria de los objetos terrestres.

Los trabajos más interesantes de este campo han sido realizados por la alemana Blanche Mertz, quien descubrió que en los lugares sagrados se da un esquema que se repite universalmente. Tejen a su alrededor una especie de cinturón protector. En la entrada pueden detectarse hasta 15 líneas. Su número disminuye hasta las 7 como consecuencia de la intervención humana en aquello que han ido perdiendo parte de su antiguo poder.

La concentración de este tipo de líneas es distinta en la iglesia románica que en la gótica. En la primera suelen potenciar la zona

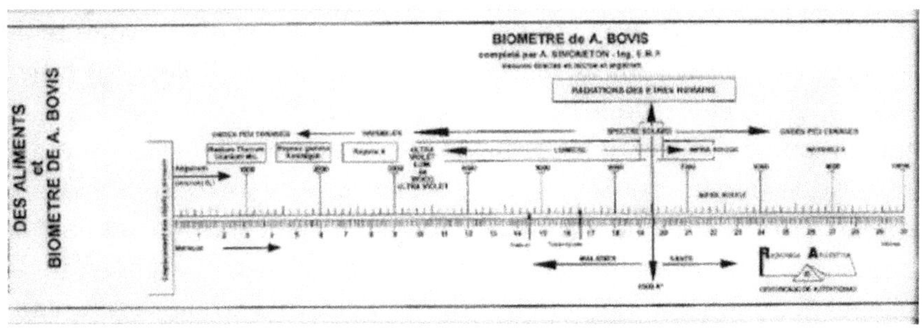

El biómetro de Bovis, una forma de medir la actividad vibratoria de los alimentos, aplicable a otros elementos terrestres.

Ochate, un pueblo misterioso en el que las energías negativas terminaron por condenarlo al abandono y la ruina.

de la pila bautismal, o la conocida como piedra de los muertos. En la segunda en una serie de puntos relacionados con las líneas de luz que proceden de los rosetones, donde también se apoyan las columnas que sujetan la imposible bóveda. Su potencia puede disminuir por causas estacionales. Como habíamos apuntado anteriormente, los ciclos ascendente y descendente del año vienen regidos por dos san Juan, el Bautista y el Evangelista. Ellos son quienes tienen la clave de las oscilaciones energéticas del edificio, que suelen coincidir con los solsticios. (Estas circunstancias eran ya conocidas por los romanos, quienes en el *Corpus agrimensorum romanorum*, actualmente en la Biblioteca Vaticana, ya relatan la existencia y funcionamiento de *redes*.). El número de líneas también está en función del tamaño del edificio. Las ermitas suelen ser cruzadas por una sola, mientras que en catedrales como Santiago de Compostela, o Chartrés, el número es mayor.

138

La profesora Mertz, en dos libros que recogen sus investigaciones, *Pirámides, Catedrales y Monasterios y Ame de Lieu*, afirma que en los lugares sagrados se alcanzan más de 10.000 unidades bovis.

Los instrumentos de medida, que en el pasado eran varillas en forma de «L», normalmente de avellano, por su ligereza, ahora son péndulos, que permiten realizar una lectura sobre una regla graduada.

Gracias a las modernas investigaciones en el campo de la *radiestesia*, se ha conseguido construir edificios armónicos, en los que sus habitantes sufren muchas menos enfermedades graves. La vieja ciencia de ubicar bien el emplazamiento de los edificios al servicio del hombre contemporáneo.

El santuario de Nuestra Señora de Jaraba, un lugar donde los enfermos recuperan la salud, aunque bien es cierto que es por sus aguas termales. En definitiva una forma de energía positiva que el hombre ha utilizado desde sus más tiernas mocedades.

La clave del enigma

El misterio que subyace en todo lo descrito anteriormente está aún por desvelar, aunque podemos sospechar algunas cosas. Quizá podamos acercarnos a él mediante una analogía:

> *«El Hombre es el **estátor** de un gigantesco motor electromagnético, cuyo **rotor** es la Tierra girando el Universo.»*

Frase a la que también podemos dar la vuelta obteniendo un resultado igualmente válido:

> *»La Tierra es **estátor** de un inmenso motor electromagnético, cuyo **rotor** es el Hombre.»*

La *clave* está precisamente simbolizada en esta poética imagen matemática. *«El Hombre es una función de la Tierra y la Tierra una función del Hombre.»* Las formidables energías físicas con las que la Madre *Gaia* modela, nutre y cuida a sus criaturas, se transforman en el gigantesco laboratorio del alma humana para ser devueltas a su origen convertidas en espirituales.

Gaia, según James Lovelock, es un planeta, que lejos de ser una roca fría que gira asépticamente en el sistema solar, se comporta como un verdadero organismo vivo, con todo lo que esto significa.

Lovelock (químico, Inglaterra, 1919) es el autor de la Hipótesis Gaia (cuyo nombre fue creado por William Golding). Una revolución en el campo de la ecología. Desde su puesto como experto de la NASA, trabajó en los proyectos de búsqueda de vida extraterrestre mediante el estudio de los gases de las atmósferas de planetas lejanos. Así observó como los seres vivos eran capaces de modificar la atmósfera terrestre. La vida tiene las claves de su propia supervivencia mediante la modificación de las condiciones ambientales. *Gaia* es una entidad viva que se reajusta permanentemente para que la vida continúe.

El más grande reto de nuestro tiempo es su supervivencia. Desde 1850, más o menos, hasta nuestros días, pero sobre todo en los últimos años en que muchos países se han incorporado al consumo masivo de hidrocarburos, todas las formas de vida están amenazadas en mayor o menor plazo, digan lo que digan los defensores de las necedades que están cometiéndose en nombre del progreso y de la civilización.

El despilfarro, el derroche, son la tónica de nuestro tiempo, desatendiendo a los sabios consejos que tan acertadamente elaboraron nuestras abuelas:

«De donde se saca y no se mete,... el fin se ve...».

Jerusalén y el Muro de las Lamentaciones.

LUGARES DE PODER
EN EL MUNDO

PREHISTORIA

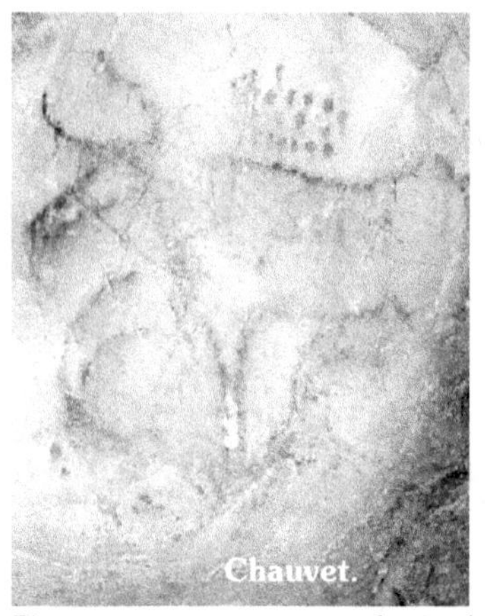

Chauvet.

UN SANTUARIO PREHISTÓRICO de 32.000 años de antigüedad es la gruta de **CHAUVET**, descubierta en diciembre del año 1994. Está situada cerca del límite norte del Cañón de Ardeche, en frente del espectacular Pont d'Arc, un puente natural sobre el río que discurre por su fondo. Las paredes están cubiertas de dibujos de animales pertenecientes a diferentes períodos del paleolítico inferior. Los realizados en el solutrense son los más homogéneos y originales de Europa, aunque también hay representaciones del magdaleniense y del auriñaciense. Los arqueólogos afirman que, precisamente, a partir de este último periodo se consagró como santuario. Los hombres que dejaron allí su huella cazaron animales desaparecidos del continente hace mucho tiempo como el rinoceronte, el oso de las cavernas o el león.

Los decoradores de las cuevas emplearon dos tipos de pinturas que definen sendos estilos y épocas: el rojo y el negro. Además dejaron como firma los negativos de las huellas de sus manos profusamente impresas sobre sus rugosas paredes.

La intención del sacerdote-artista paleolítico fue tratar de conseguir captar el espíritu de los animales, tanto de los que cazaba, como los que le cazaban a él. Con esta maniobra se aseguraba el éxito, tanto para defenderse, como en satisfacer sus necesidades alimenticias. Este tipo de lugar donde se practica la magia simpática se repite constantemente en muy distintos lugares hasta los albores de la civilización.

En el ***VALE DO CÔA***, en la región nordeste de Portugal, entre montañas de altura impresionante cubiertas por bosques prácticamente impenetrables, salpicados de terrazas que en primavera se adornan con la nieve de los almendros en flor, se encuentra el río Côa. Este afluente del Duero da nombre a un recinto prehistórico que se remonta a 25.000 años a.C. En este caso no son grutas sino paredes verticales en las que durante miles de años el hombre dejó sus grabados como testigos de un tiempo en que el hombre veía en los animales la representación de sus dioses. Su perfección revela que quienes los realizaron, eran verdaderos maestros de la estilización. Es una auténtica biblioteca rupestre en la que podemos contemplar un panorama del neolítico y de la edad de hierro. Su carácter mágico la ha convertido hasta hoy, en un lugar preferido para realizar todo tipo de inscripciones. Hace pocos años aparecieron en sus paredes algunas figuras hechas por los hijos de un molinero.

Tiene gran importancia debido a su singularidad: es uno de los pocos lugares con inscripciones o pinturas al aire libre de Europa

Petroglifos al aire en Foz do Côa, Portugal.

Occidental que están fuera de la cornisa franco-cantábrica. Hasta el siglo XX habían aparecido sólo en grutas. Sin embargo, y a pesar de que sus grabados han sufrido desde entonces la agresión de los elementos atmosféricos, se han conservado perfectamente. Aparte de esto, su concordancia estilística con los petroglifos de la Cova del Parpalló, permite detectar los vestigios de las migraciones que los hombres realizaron hacia el norte desde África, en una época de regresión glaciar –Würm II–.

Además de su enorme valor para conocer la prehistoria, el caminante puede dejar correr su imaginación contemplando los maravillosos juegos de claroscuros que señalan el transcurso del día –sobre todo en otoño–, cuando sus viñas visten sus hojas con los colores del fuego, y sus choperas agonizan majestuosamente en una sinfonía de colores ocres.

■ Merecidamente, la cueva de **LASCAUX** ha sido considerada como «la gruta decorada más bella del Paleolítico», con sus más de 1.500 pinturas de unos 17.000 años de antigüedad. Fue descubierta por unos muchachos en 1940. Todas sus imágenes nos indican que nos encontramos ante un santuario destinado a ritos y ceremonias sagrados relacionados con la caza. En sus paredes hay representados todo tipo de animales, desde el más pequeño al más grande, y desde el más manso al más feroz (caballos, ciervos, aurochs, perros salvajes). Posiblemente aquellos hombres cazaron también elefantes y rinocerontes, fauna actualmente desaparecida. Los arqueólogos han sido capaces, gracias a los dibujos de la cueva, de contarnos las técnicas de caza y pesca de que se valían los antecesores de los primeros agricultores. Solían ir solos a conseguir las piezas que necesitaban pero en ocasiones se aliaban con otras tribus cuando la incursión era de mayor importancia. También el estilo artístico nos permite conocer las rutas de migración de la más remota antigüedad.

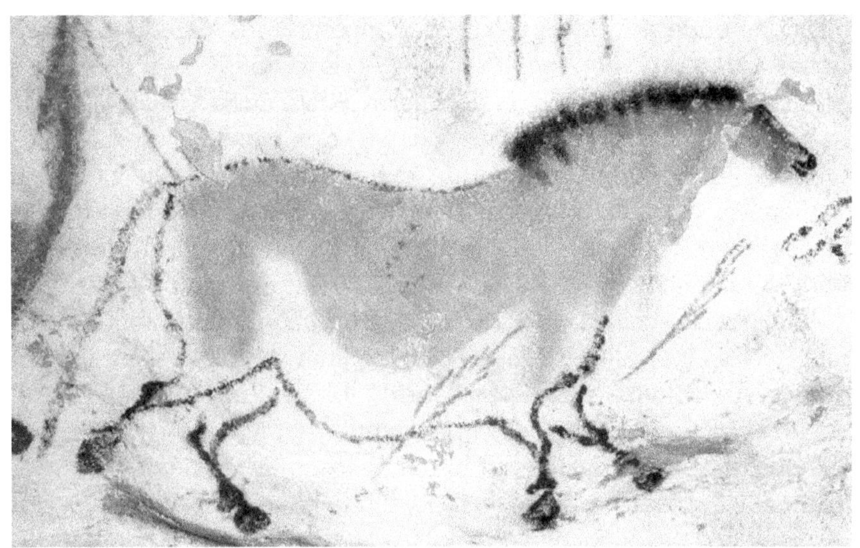

Uno de los maravillosos caballos polícromos de Lascaux.

Entre 10.000 y 8.000 años atrás, lo que hoy es una gran extensión de arena, era una región llena de fértiles valles bañados por ríos caudalosos. En las cavernas de sus montañas habitaban diversas tribus de misterioso origen, dedicadas a la pesca y el pastoreo.

2.000 kilómetros al sur de Argel, ya en el Sahara, se encuentra el Parque Nacional de Ahaggar (300.000 km^2). Actualmente viven allí unos 100.000 habitantes. El viajero cuando llega, se encuentra con un paisaje prácticamente irreal, sin paralelo en ningún otro punto del planeta. Sus formas, calcinadas por un sol abrasador, oscurecen la arena con sombras de dimensiones gigantescas en el ocaso. En el centro del parque, está la cordillera de Atakor (2.150 km^2), formada por los restos de antiguos volcanes. Sus cimas más altas son el Tahat, 22.918 m, el Ilamane, casi una aguja que se clava en la arena de 2.730 m. y el Assekrem, 2.726 m (con su cima completamente plana).

Si descendemos hacia el sudeste, encontramos **Tassili-n-Ajjer** (meseta de los ríos en lengua tuareg), desde donde se pierde en el horizonte la desolada lejanía del desierto del Ténéré (Níger). Donde había fértiles valles, hoy no hay más que una planicie llena de rocas erosionadas, dunas y arenas de extraña textura. Aquí viven los Tuareg, los «Hombres azules del desierto». Sus antecesores fueron los Isabaten, tribus paleolíticas, que se valían de útiles de piedra para dibujar sobre las rocas.

El clima cambió 6.000 años a.C. La humedad que había mantenido fértiles los valles, desapareció. El clima se volvió seco, y poco a poco, fue convirtiéndolos en desierto. Los animales, como consecuencia, se desplazaron, desapareciendo algunos, como los caballos que fueron sustituidos por los camellos, más resistentes a la sed.

El difícil acceso a esta región la ha mantenido ignorada por arqueólogos y científicos. Por eso, las cuevas del Tassili han permanecido ocultas hasta mediados del siglo XX. Fueron unos militares franceses –en los años 30– quienes por primera vez pusieron sus ojos asombrados sobre este hallazgo arqueológico. El explorador Henri Lhote las dio a conocer al mundo en 1957, aunque aún quedan muchas por encontrar y estudiar.

Se trata de una verdadera pinacoteca prehistórica llena de misterios irresolutos, cuyo estilo se repite sorprendentemente en lugares muy alejados, incluso en otros continentes. Sin embargo aquí podemos encontrar cosas que no hay en ninguna otra parte: botas, monos semejantes a los que hoy día nos enseñan las películas de ciencia ficción, extraños artilugios tecnológicos y lo que parecen ser «escafandras».

Junto a las pinturas, además, se han encontrado símbolos abstractos que podrían corresponder a una especie de alfabeto arcaico, lo que significa que Mesopotamia no habría sido cuna de la escritura y de la civilización, puesto que su antigüedad es bastante mayor, 5.000 años.

Una escena de caza en Tassili, pertenediente a tiempos muy antiguos, cuando el Sahara era un vergel.

Tassili es un misterio que la arqueología tardará muchos años en resolver, si es que lo hace. Algunas de sus imágenes sugieren hipótesis inquietantes. Por ejemplo, el extraño y sospechoso de un solo ojo conocido como «El gran dios marciano» nos mira desde lo que parece ser un casco de «astronauta». Otro, un «monstruo» con dos cuernos, se recorta contra un extraño paisaje en el que se ve a un ciervo. En otra pintura podemos contemplar un extraño ritual, en el que los personajes tocan sus cabezas con gorros blancos en los que puede apreciarse una badana de colores.

Las misteriosas figuras de estas cavernas, aún inexploradas, nos hablan de una hipótesis inquietante: ¿nos encontramos ante recintos mágicos realizados por unos seres muy distintos a nosotros que quizá vinieron del espacio? ¿o por el contrario se trata de una civilización ya desaparecida, de características muy distintas a la nuestra, como podría haber sido la de los habitantes de la Atlántida?

Tassili tiene casi 5.000 dibujos y pinturas catalogados, aunque se sospecha que puede haber, al menos otros tantos, que se encuentran en zonas escondidas a las que es difícil llegar. Aún queda mucho por explorar.

LAS PRIMERAS CIUDADES

COETÁNEA CON LA CULTURA de Tassili, y coincidiendo con el fin de la última glaciación, aparece en la orilla del fértil río Jordán (Canaán) una de las primeras ciudades construidas por el hombre, **JERICÓ**, en plena Edad del Bronce. Su fecha de construcción se sitúa alrededor de los 8.000 y los 7.000 años a.C.

Los restos más antiguos que se conservan son los de una torre circular de unos 9 metros, conocida actualmente con el nombre de Tell es-Sultan. Es una construcción maciza, con un pozo interior que permite ascender hasta su parte superior. Posteriormente se levantaron murallas de 2 metros de ancho que encerraba un espacio de 30.000 m².

Esta es la ciudad que cita la *Biblia* en el *Libro de Josué* (6-20): «*Los sacerdotes tocaron las trompetas, y cuando el pueblo, oído el sonido de las trompetas, se puso a gritar clamorosamente, las murallas de la ciudad se derrumbaron, y cada uno subió a la ciudad frente de sí*».

Restos de Jericó, una de las ciudades más antiguas del mundo.

Los arqueólogos no han podido encontrar los restos de la muralla citada en este párrafo. La investigadora Kathleen M. Kenyon afirma que esto se debe a que sería de ladrillos de adobe, que el tiempo se ha encargado de deshacer y devolver al suelo, a la tierra de donde salieron..

No existen indicios de que hubiese ningún templo o culto concreto, exceptuados los restos de las necrópolis. No obstante, el párrafo bíblico basta por sí mismo para ponernos sobre la pista de la existencia de energías procedentes de los Entes superiores que se pueden canalizar para obtener un resultado negativo.

En la actual Turquía están, bastante bien conservados, los restos de la ciudad de **ÇATAL HÜYÜK**, construida entre los años 6.250 y 5.400 a.C.

Se trata de una zona escasa en piedra, donde era preciso utilizar el adobe y la madera para elevar las casas. No existen las calles, las viviendas están arracimadas, con sus paredes comunes, y el tránsito por el recinto se hacía a través de los tejados.

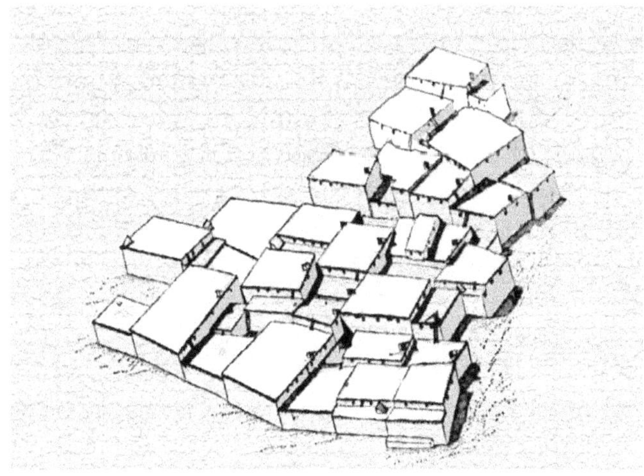

Reconstrucción de cómo pudo ser Çatal Hüyük.

Muchos de los edificios de esta ciudad fueron consagrados como santuarios. En ellos se han conservado restos de representaciones pictóricas, estatuas y relieves de las diferentes y desconocidas deidades a las que rendía culto el pueblo que los habitaba.

■ Hace 4.000 años a.C. existió en Siria la ciudad amorrea de **MARI**, punto obligado de paso entre Mesopotamia y el Mar Mediterráneo. Su época de florecimiento tuvo lugar entre los años 2.000 y 1.700, sin embargo quedó destruida en época de Hammurabi, quien también destruyó Babilonia en el año 1.695. Luego, su memoria se perdió lamentablemente.

En el año 1901, se descubrió un bloque de diorita donde este rey promulgó el cuerpo legislativo más antiguo de la Humanidad: el conocido como Código de Hammurabi.

Fue el arqueólogo francés André Parrot, quien sospechó la existencia de la ciudad de **MARI** cuando en 1933 encontró una estatua en la que se podían observar una serie de curiosas inscripciones. Inmediatamente organizó una expedición para excavar en la región de Tell Hariri, junto al Éufrates. Los trabajos sacaron a la luz los restos de una torre escalonada datada en el tercer milenio a.C. También aparecieron los cimientos de varios templos dedicados a la diosa Isthar, aparte de las ruinas del palacio del rey Zimri-Lim, en cuyo interior abundaban pinturas representando escenas religiosas, algunas estatuas y unas 20.000 tablillas de arcilla con información importante de la época de los patriarcas. Aquí debió adorarse a Isthar, Istar o Astarté, diosa de la vegetación y la fecundidad, que también lo fue para muchos otros pueblos que poblaban el Oriente Medio.

La primera ciudad citada en la Biblia es la mítica **UR** de Caldea, lugar de nacimiento del patriarca bíblico Abraham. De aquí es de donde huyó toda su familia a Canaán, dos mil años antes del nacimiento de Cristo, según se relata en el *Génesis*.

Restos del palacio de la ciudad de Mari.

«Tomando Téraj a Abram, su hijo, a su nieto Lot, hijo de Harán, y a Sara, su nuera, mujer de su hijo Abram, los sacó de Ur de Caldea... (Gen., 11,31).

Empezó a edificarse en el año 5.000 a.C. y se convirtió en una de las ciudades más poderosas de Mesopotamia (sur del actual Irak). Su privilegiada situación la convertía en uno de los puertos principales del Éufrates, donde llegaban las grandes naves comerciales desde el Golfo Pérsico. Años después, el río cambió su curso, con lo que inició su declive paulatino y definitivo olvido.

Su principal santuario es una pirámide escalonada, mandada construir por el rey sumerio Ur-Nammu (2.100 a.C.), conocida con el nombre de Zigurat (en este momento, en el sur de la actual Inglatera, se empieza a construir el templo astronómico de Stonehenge). La obra se realizó con ladrillos cocidos al sol y cañas, y sus esquinas están orientadas a los puntos cardinales. En su cima había un templo dedicado a la diosa de la luna Nanna, junto al que construyeron sus tumbas los reyes. La decoración es de extraordinario valor y se puede contemplar hoy en el museo de Bagdad.

La ciudad sagrada más importante de la Historia, escenario del conflicto entre las tres principales religiones monoteístas es, sin duda, *JERUSALÉN*.

Su antigüedad se remonta al cuarto milenio antes de que un judío, que se convertiría en el referente espiritual del mundo, pisara sus calles con sus pies descalzos. Sus primeros habitantes, los Jebuseos, la llamaron Urusalim. El faraón Tutmosis III la conquista en el año 1.500 a.C., con lo que pasa a depender políticamente de Egipto hasta su conquista en el año 1.000. Entonces se convertiría en el centro espiritual del mundo antiguo con la subida al trono del pueblo de Israel del rey David. Su carácter mágico alcanza su máximo durante el reinado de su hijo Salomón, quien construyó el Templo que lleva su nombre en el año 968, aunque fue inaugurado siete años después.

El monte Moriah y la roca sagrada para judíos, cristianos y musulmanes, relacionada con Abraham y con Mahoma.

David, padre de Salomón, en su juventud tuvo que aprender el lenguaje de los pájaros, para enseñárselo después a su hijo. Con este «idioma», serían capaces de comprender las Leyes del Universo y trasladarlas a sus obras. Estas se impregnarían así de la armonía espiritual del Cosmos. (Sutra XXVII del *Corán*).

Salomón fue un rey sabio, considerado como filósofo y mago. El Sello de Salomón, su emblema, es un símbolo sagrado que se usaba para luchas contra los diablos. Consiste en una estrella de cinco puntas (pentáculo), que en su centro tiene el sagrado nombre de Dios. Con él, el rey Sabio domó al Diablo.

Su principal obra, el «edificio más sagrado de los Judíos», fue alzado de acuerdo con los conocimientos de geometría y matemática sagrada utilizados por los sacerdotes egipcios en la construcción de sus templos, y siguiendo las instrucciones directamente recibidas de Dios por el profeta Natán. Dirigió las obras Hiram-Habib (Hiram el Fundidor), un egipcio (al que construyeron un origen fenicio para no levantar susceptibilidades) instruido en el tallado de las piedras, el fundido de los metales y la organización del trabajo. Los israelitas, nómadas y pastores, no tenían los conocimientos ni la materia prima suficiente para realizar tan magna obra, así que tuvieron que buscar la ayuda de otros pueblos para que les suministrasen madera de cedro, metales y joyas (muchos procedentes de Saba, donde gobernaba su mítica reina Balkis).

El corazón del Templo sería el nuevo Tabernáculo, sustituto del que habían llevado durante su estancia en el desierto, donde se encontraba un extraordinario almacén de poder: El Arca de la Alianza. En la entrada había dos grandes columnas Jaquim y Boaz, cuyo símbolo fue adoptado después por los alquimistas como representación de la unión del Sol y la Luna, el agua y el vino de las Bodas de Caná.

En el interior del Arca de la Alianza se guardaban los más importantes objetos de poder del pueblo de Israel: Las Tablas de La Ley,

Iglesia del Santo Sepulcro, en Jerusalén.

una vasija de oro con el maná que alimentó al pueblo en el desierto, la Vara de Aarón y un Libro de La Ley. Era un caja rectangular de madera de acacia. Estaba cubierta de oro, y en sus extremos tenía dos querubines, con cuyas alas se formaba el Trono de Dios.

Los otros grandes objetos mágicos eran el Candelabro de los Siete Brazos, o Menorah, y la Mesa de los panes o Mesa de Salomón. Este último es un objeto legendario, buscado afanosamente por el esoterismo hasta hoy mismo. Se cree que pasó por Toledo. Actualmente se encuentra perdida, aunque algunos expertos la sitúan escondida en algún lugar de la provincia de Jaén.

El Templo y la ciudad fueron destruidos en el año 586. El rey Herodes levantó otro, cuya construcción empezó en el año 19 a.C. y las obras terminaron en el año 62 d.C. Éste es el que conoció Jesucristo.

En el año 70, el Emperador Tito redujo nuevamente la ciudad a escombros prácticamente, con lo que termina el primer período histórico de la ciudad.

Adriano sería quien comenzara con su reconstrucción en el año 130, y los cristianos y peregrinos fueron los nuevos habitantes de la ciudad sagrada. El Califa Omar I la conquistó de nuevo en el año 637, construyendo otro edificio sagrado, esta vez para el pueblo musulmán, llamado la Cúpula de la Roca, que ocupa un lugar en donde se supone que estuvo el Tabernáculo del Templo de Salomón.

Estas son las razones por las que Jerusalén se convierte en la ciudad sagrada por antonomasia para tres religiones. A partir de entonces, una de las tres ha sido la que ha poseído la ciudad. En época de las Cruzadas, volvieron los cristianos con Godofredo de Bouillon, hasta que fueron expulsados por Saladino I en 1187. Desde entonces, hasta 1948, en que volvieron a tener poder los judíos, estuvo en manos de distintos pueblos que practicaban la religión musulmana.

Egipto

La civilización egipcia es la que mejor supo aprovechar las propiedades energéticas de una región de la Tierra. El Nilo fertiliza una estrecha franja de tierra en ambas orillas. En el pasado, ahora es desierto, estaba cubierto de bosques con abundante vegetación, como atestiguan las excavaciones efectuadas en Tell El-Amarna (residencia de Eknathon –1377 a 1358 a.C.–), donde se han encontrado restos de raíces y tallos de 76 especies de árboles y arbustos. La pluviosidad era mucho mayor, y gracias a ello su subsuelo era una verdadera tela de araña de lechos por los que circulaban multitud de corrientes subterráneas. La energía originada por éstas, quedó almacenada bajo las arenas del desierto. Aquí es donde se construyeron pirámides, mastabas, hipogeos y templos, aprovechando todas ellas.

La pirámide más antigua de Egipto es la de **ZOSER**, en Saqarah. Su construcción data del 2.700 a.C. El faraón encargó su construcción a Imhotep, visir, mago y sacerdote que, gracias a sus conocimientos ocultos, sabía cuál podría ser el mejor emplazamiento para su tumba. (Por cierto, debido a su inteligencia y habilidad, después de su muerte fue incluido en el panteón egipcio).

La técnica aplicada consistió en ir añadiendo a una mastaba primitiva, un segundo escalón, que luego, comprobada su solidez, permitió añadir otros cuatro más de menor base. En total, la pirámide tiene 6 pisos (60 metros). Su base mide 63 de lado. Un pozo interior que desciende 28 metros en vertical conduce a la cámara del sarcófago de Zoser, revestida de placas de granito de Assuán. Aquí nace un verdadero laberinto de corredores. El más importante de todas las pirámides pertenecientes al Imperio Antiguo. A 32 metros de profundidad se excavaron once tumbas destinadas a enterrar a los miembros de la familia real.

La forma escalonada permitía al faraón, revestido de solemnidad y pompa, ascender hasta su parte superior para entablar contacto íntimo con las deidades que, según sus creencias habitaban en el cielo, entre las estrellas (BAUVAL).

La pirámide escalonada de Zoser o Djoser, que fue creciendo sobre una mastaba.

En la meseta de **GIZEH**, están las tres pirámides egipcias más mágicas e importantes: **KEOPS** (Jufui), **KEFRÉN** (Jafra) y **MIKERINOS** (Menkaura). Pero no sólo eso, sino que a sus pies se encuentra un gran complejo funerario que se extiende por toda la meseta, compuesto por miles de bloques de piedra. Vigilando todo el conjunto, la misteriosa **ESFINGE** tiende su cuerpo en la arena como dispuesta a saltar sobre los intrusos que pretendan violar el sueño eterno de los siglos.

Los faraones se consideraban casi dioses destinados a volver al cielo con Ra (el Sol), que, navegando en el océano profundo de la noche, emerge para recorrer el cielo diariamente en su barca llameante, y luego vuelve a adentrarse en la oscuridad,... en el más allá.

La pirámide más emblemática y mayor, Keops, se eleva sobre una base cuadrada de 232 metros de lado, y alcanza los 147 metros

Los tres monumentos más importantes que hay en la superficie de la Tierra. Tres moles que nos desafían desde el misterio del por qué.

de altura (es la única de las Siete Maravillas del Mundo Antiguo que queda en pie). Kefrén, es muy parecida, con sus 214 de lado por 142 de altura. Por último, Mikerinos, es la más pequeña, sólo tiene 105 de lado por 65 de altura.

Los expertos no se ponen de acuerdo a la hora de explicar su finalidad. La teoría menos cuestionada afirma que eran simples recintos funerarios (nos encontraríamos ante inmensas tumbas), sin embargo hay razones para pensar que hay «algo más».

No es posible concebir qué ideas llevaron a construir una mole de tales dimensiones, horadada por numerosos pasillos ascendentes y descendentes que conducen a cámaras donde sólo hay un sarcófago vacío. Teniendo en cuenta sobre todo que muchos de ellos permanecen aún sin descubrir, nos encontramos ante un enigma todavía no resuelto.

Posiblemente tenían dos funciones. Por una parte eran recintos mágico-sagrados donde se realizaban ritos de tránsito hacia el más allá, y por la otra, su finalidad estaba claramente orientada a la observación y comprensión del Universo.

Esta hipótesis se apoya en el hecho de que, las armónicas dimensiones de todo el conjunto cumplen relaciones matemático-geométricas perfectas (geometría sagrada), y son a su vez reflejo de las que los sacerdotes observaban en el cielo.

Como ya hemos dicho anteriormente, el francés Robert Bauvall, descubrió que su posición imita la de las tres estrellas que forman parte del conocido como cinturón de Orión (Mintaka, Al Nitak y Al Nilam). Los iniciados egipcios fueron capaces de aplicar «lo de arriba» a «lo de abajo», convirtiendo los monumentos de Gizeh en acumuladores de energía cósmica. Tendrían entonces la misión de amplificarla para que pudiera influir sobre todo cuanto estuviera en su interior, incluso provocar estados alterados de conciencia o, incluso ayudar en el tránsito al «más allá».

Max Toth y Greg Nielsen escribieron en 1977 un libro, *El poder mágico de las Pirámides*. En él lanzan su hipótesis, según la cual cualquiera de ellas, sea del tamaño que sea, que respete las proporciones de *Keops*, tiene su mismo poder.

Generalmente se acepta que la **ESFINGE** es una imagen de Kefren (2.500 a.C.). Sin embargo, hay algunas pruebas que podrían indicar que fue construida aproximadamente 7.000 años a.C. La roca en la que se asienta, tiene marcas erosivas, producidas por el agua de la lluvia sobre su superficie, cosa que se produjo en una época distinta a la de construcción de las pirámides. Su actual imagen es distinta de la que tenía en el pasado. Entonces estaba pintada de rojo, y el tocado real, decorado mediante franjas azules y amarillas. Además, entre sus patas tenía un imagen de Amenofis II, donde estaban las inscripciones que hablaban de ella. Otros creen que es la imagen de Keops.

El *León* es un símbolo importante para los egipcios, como jefe de las necrópolis y lugares de culto, hecho que hay que tener en cuenta a la hora de comprender el carácter mágico de toda la meseta de **GIZEH**.

¿Qué es la Esfinge y cuál es su función?
Nadie lo sabe, pero a todos admira porque intuitivamente sabemos que encierra la clave de los misterios egipcios.

▪ El templo de **DENDERA** 15 (literalmente «el pilar de la diosa») se eleva sobre los restos de otro mucho más antiguo. Está dedicado a Hathor (Isis). En su interior puede contemplarse su hermoso zodíaco, equivalente al empleado por los astrólogos mesopotámicos:

El Escarabajo (Cáncer) sería el apogeo de Osiris.
El León (Leo) representa al Sol.
La Diosa Isis (Virgo) es la mesopotámica Astarté.
La Balanza (Libra) símbolo de justicia y equilibrio.
El Escorpión (Escorpio) fecunda los campos.
El Arquero (Sagitario) vencedor de los enemigos.
La Cabra-Pez (Capricornio) es el paso de Osiris por la
Tierra, camino del más allá.

El Libador (Acuario) dios del río Nilo.
Los Peces (Piscis) son el camino a la eternidad, donde la muerte es representada por un pez.
El Carnero (Aries), Osiris viajando de noche hacia el más allá.
El Ternero (Tauro) es el Sol al amanecer.
Shu y Tefnut (Géminis) dan vida al difunto con la cruz ansada ankh.

Lo llamativo y enigmático de este templo son los relieves que están esculpidos en las paredes de una de sus criptas. En ellos, se realizan ofrendas a la diosa Hathor. En la escena aparecen una serie de «berenjenas» (sobre un pilar djed –símbolo de Osiris–) en las que se ha querido ver una especie de «bombillas», con sus filamentos, productoras de luz artificial. Estas representaciones reavivan continuamente la polémica sobre la existencia de tecnologías avanzadas en la antigüedad, en manos de iniciados y luego perdidas.

Los curiosos altorrelieves de Dendera. ¿Emisores de luz? Y si no, ¿qué? Mientras no haya una respuesta, cada uno puede pensar lo que considere más oportuno.

ABU SIMBEL (La Montaña Pura), se encuentra actualmente fuera de su emplazamiento primitivo, debido a la construcción de la presa de Assuán. Su traslado terminó el mes de septiembre de 1968. Por la misma razón, algunos edificios religiosos egipcios fueron repartidos entre distintos países del mundo. A España le tocó el conocido como Templo de Debod, que se encuentra actualmente en la capital, Madrid, coronando el espacio conocido como Cuartel de la Montaña, lugar testigo de hechos dramáticos en la Guerra Civil. Pero también es un lugar desde donde podemos asistir a esos espectaculares atardeceres madrileños que inspiraron a Velázquez.

Volviendo a Abu Simbel, existen dos templos. El primero, el más grande, está dedicado a Ra. Poco más al norte, el menor, está dedicado a Nefertari, esposa de Ramsés II, quien fue adorada junto a otros dioses del extenso panteón egipcio.

Sus dimensiones son espectaculares. En la fachada, de 33 metros, hay cuatro estatuas de 20 que representan al faraón. Por encima de ellos, un grupo de mandriles celebra la salida del Sol. También aparecen en el conjunto su familia, formada por su madre Mut-tuy, su esposa Nefertari y sus hijos e hijas.

Las colosales dimensines de las estatuas de Abu Simbel.

En su interior se encuentra el Santuario de los Santuarios, dedicado a Amón-Ra. Este lugar adquiere toda su fuerza energética cuando los rayos del sol penetran hasta su interior e iluminan la estatua de Ramsés, en las mañanas del 21 de febrero y del 22 de octubre.

El templo pequeño está dedicado, además de a Nefertari, a Hathor, diosa del Amor y de la Belleza. En su fachada hay cuatro estatuas del faraón y dos de su esposa. Después se accede a una sala con seis columnas que muestran en su parte superior la cabeza de la diosa. Por último, en el corazón del templo, el santuario mágico, parece brotar de la roca una impresionante estatua, también de Hathor, entre dos pilares osiríacos decorados con escenas de ofrendas y dos habitaciones sin decoración alguna.

El hecho de que el templo fuera desplazado de su emplazamiento original podría ser causa de que éste hubiera perdido gran parte de su poder energético. Sin embargo, el transcurso de los siglos y su condición de recinto dedicado a concentrar el poder simbólico de la luz, ha preservado su carácter.

GRECIA

El templo de **JÚPITER**, que aún corona la montaña volcánica en que los griegos establecieron su primera colonia italiana (siglo VIII a.C.), fue una especie de faro para los navegantes que descendían por la costa hasta la bahía de Nápoles.

Se trata de una reconstrucción realizada por el emperador Octavio César Augusto (63-14 a.C.) sobre las ruinas del recinto antiguo. En el siglo VI se transformó en iglesia cristiana.

Descendiendo por la falda de la montaña se ven las nobles pero dispersas ruinas de un templo dedicado al dios *Apolo*, un poco por encima de donde se encuentran las grutas donde realizaba sus profecías uno de los más famosos oráculos del mundo clásico: la Sibila de **CUMAS**.

Entrada al antro de la sibila.

En su interior asistimos a un espectáculo insólito de luces y sombras. Desde el exterior se cuela la luz del sol por una serie de galerías que van a iluminar intermitentemente un pasillo romboidal, al fondo del cual nos espera un enigmático resplandor.

Las sibilas eran mujeres inspiradas por Apolo para realizar profecías, valiéndose para ello de grutas o excavaciones artificiales asociadas a corrientes de agua. Aquí experimentaban una modificación de la consciencia que les llevaba hasta el trance. Solían hacerlo por escrito y en forma de verso. Son conocidas principalmente: Herófila, que profetizó la guerra de Troya; la de Samos; la de Troya; la del Helesponto; la Frigia; la Cimeria; la más famosa, la de Delfos; la Libia; la Tiburtina; la de Babilonia, y por último, la de Cumas, Deífoba.

La leyenda cuenta como Apolo le había prometido vivir el mismo número de años que granos de arena tenía en una mano, aunque se olvidó de pedirle juventud durante todo ese tiempo. Alcanzó así una edad muy avanzada en un estado bastante decrépito. En este estado guía a Eneas por el Infierno, donde visita a su padre Anquises en los Campos Elíseos.

Todos sus oráculos fueron recogidos en nueve libros que, según la leyenda, fueron ofrecidos al rey de Roma Tarquino el Soberbio. Éste no quiso comprarlos, entonces la Sibila quemó tres, ofreciendo los que quedaban al mismo precio de los nueve. Tampoco quiso *Tarquino* esta segunda oferta, con lo que fueron quemados otros tres. Los últimos, los *Libros Sibilinos*, fueron comprados por fin, y guardados en el templo de Júpiter en Roma. Eran consultados en las situaciones graves. Fueron destruidos en parte en el año 83 a.C. y el resto en el año 405 d.C.

El recinto mágico de Cumas se encuentra al final de una galería de 107 metros, iluminada por la luz procedente de doce pasillos transversales. Un vestíbulo, con dos bancos de piedra que servirían para asiento de los consultantes era la «sala de espera». La Sibila emitía el oráculo mientras avanzaba pasando alternativamente por las zonas oscuras y las iluminadas. El efecto dramático producido era capaz de inducir en los visitantes una gran alteración emocional. Además, todo envuelto en la poderosa energía de la caverna, donde resonaban efectos acústicos procedentes de ecos mil veces repetidos (»Una gran ladera taladrada y perforada cien veces, con cien bocas de voces susurrantes que transmiten las respuestas de la sibila.» (*La Eneida*, Virgilio).

El monte Parnaso es uno de los lugares sagrados más importantes para el pueblo griego. Allí se construyó un templo dedicado a Apolo, dios de la profecía, a finales del segundo milenio a.C. Sufriría un incendio en el año 548 y posteriormente sería reconstruido. Su centro es considerado como Ombligo del Mundo, simbolizado por un domo de mármol denominado Omphalos. Como ya dijimos, este punto, según la leyenda, es donde se cruzaron dos águilas enviadas por Zeus desde los extremos del mundo.

La fuente Castalia, que mana de las grietas del acantilado Phlemboucos, sirve para alivio de la sed de los peregrinos que acuden a conocer su futuro, porque en su interior va a producirse una vez más un acto mágico, el protagonizado por un personaje que media entre hombres y dioses: el **ORÁCULO DE DELFOS**.

Aunque la consulta era ciertamente cara (consistía en la compra de un pastel que había que ofrecer a Apolo, junto a una oveja), acudían allí reyes y campesinos, ricos y pobres (incluso Alejandro Magno), para consultar su destino u obtener consejo. El dios Apolo había concedido el don profético a unas sacerdotisas conocidas con el nombre de pitias (pitonisas).

Al principio las visitas se producían con frecuencia anual, aunque, debido a su éxito, pasaron a ser mensuales, llegándose incluso a emplear a tres pitonisas simultáneamente. A pesar de esto, en muchas ocasiones las esperas eran de varios días, durante los que

Delfos y el Omphalos.

acudían a la fuente en busca de purificación. Hoy día puede leerse una frase que ha resistido el embate de los siglos: «Al buen peregrino le basta una gota, al malo, ni el océano podría lavar su mancha».

Cuando por fin se inicia la ceremonia, el consultante tiene que entrar a realizar su consulta en una habitación oscura, donde una cortina le separa del Oráculo, quien, entre vapores que proceden de una grieta en el suelo y masticando una hoja de laurel, emite una serie de gritos y jadeos que son interpretados en forma de verso por un sacerdote.

Estos Oráculos influyeron poderosamente en el destino de la Humanidad, puesto que sus predicciones eran acompañadas de órdenes que se obedecían ciegamente y que, en muchas ocasiones, afectaban a decisiones importantes como el comienzo o final de las guerras.

ETRUSCOS, NABATEOS, FENICIOS Y ROMANOS

> *«En Inglaterra sería imposible que monumentos de edades antiguas, con tan sorprendentes características, pudieran existir al aire libre, vistos todos los días por pastores y campesinos, y permanecer escondidos durante siglos para el resto del mundo. Y sin embargo esto sucede en Italia, a menos de seis millas de la principal carretera que conduce a Roma.»*
>
> (GEORGE DENNIS,
> *Ciudades y Necrópolis de Etruria*, 1848).

ESTE VIAJERO INGLÉS DENOMINÓ a las tumbas construidas por los **ETRUSCOS** en la región del *Lacio* (centro de Italia), como el «Valle de los Reyes latinos». En la olvidada *vía Clodia*, importante nudo de comunicaciones del siglo VI a.C., podemos encontrar una serie de enclaves con necrópolis rupestres como San Julián, Norquia, Blera o Castel d'Asso.

Aunque han sido consideradas por los arqueólogos como obras menores de aquella civilización, realmente en ellas es donde podemos rastrear su relación con el mundo de lo trascendente o, lo que es lo mismo, de lo sagrado y de lo mágico.

Se alzan en zonas con características topográficas específicas, como son altas colinas de turba cortadas por valles que excavan arroyos profundos. Allí se realizan los primeros asentamientos en la Edad del Bronce, seguidos por los que se levantaron en la Edad del Hierro, buscando valles adecuados para las labores agrícolas. Tras largos períodos de olvido, fueron reutilizados de nuevo en la Edad Media.

Interior de una tumba etrusca en Cerveteri, Italia.

A pesar de que son ornamentalmente más pobres que otras tumbas más famosas, como los hipogeos de Cerveteri o Tarquinia, donde podemos admirar maravillosos frescos, su abandono y olvido les dan ese aire romántico que tienen las construcciones misteriosas cuya función era propiciar el tránsito hacia la muerte.

Fueron excavadas en roca arenisca, dándoles forma de grandes bloques cúbicos en los que se vaciaban profundas cámaras cuadradas. El exterior está decorado con sencillos frisos ornamentales. Los sarcófagos de los difuntos se cerraban mediante una lápida donde se esculpía una figura del o de los enterrados en ellos (p. 64).

Los frescos pintados en los estucos interiores de las galerías representaban escenas religiosas como, por ejemplo, un cortejo de personajes vestidos con túnicas con signos extraños, precedidos por un demonio, así como escenas mitológicas en las que podían apreciarse las cabezas de las Gorgonas. Estos seres mitológicos fueron las tres hijas de Forcis (dios del mar) y Ceto, en la mitología griega. Su cuerpo estaba cubierto de escamas y sus cabellos eran serpientes. Sus rostros eran terroríficos, mostrando una dentadura formada por colmillos y la lengua permanentemente fuera. Dos de ellas, Esteno y Euríale, poseían el don de la inmortalidad. La tercera, Medusa, era mortal.

Los **NABATEOS** fueron un pueblo que habitó durante el siglo I aC. en el noroeste de la península arábiga. Su capital era la ciudad sagrada de **PETRA**, en la actual Jordania. Ocupaban una parte de Palestina (la tierra de Edom) que iba desde Siria al mar Rojo, pasando por el mar Muerto. Roma los anexionó al Imperio en el año 106 de nuestra era.

Hoy día, en las noches de Petra, sólo circulan por sus calles las almas de los muertos y la sombra de los antiguos dioses. Por el día, una muchedumbre de turistas que no salen de su asombro. En los estrechos desfiladeros donde duermen los restos de la prodigiosa ciudad, se elevan unas elegantes y bellas construcciones de estilo egipcio-asirio, talladas en la misma roca hacia el año 300 a.C.

Llegar a este lugar es un verdadero viaje iniciático que comienza en el Valle de Moisés (wadi Musa). A pie o a caballo únicamente, se penetra en un desfiladero elevado y estrecho que a veces no tiene más de un metro de ancho. El camino penetra hacia los recintos interiores a la sombra de las doradas paredes. De repente, en un rincón donde ciega el sol, aparece un templo de un hermoso color bermellón, esculpido en la misma roca: el Jazna Firaun (Tesoro de los Faraones). No muy lejos, casi pueden escucharse los coros de las tragedias que se representaban en un teatro semicircular donde podían sentarse unas 3.000 personas. Pero las verdaderas protagonistas son, como en todos los lugares que vamos visitando, la tumbas, las construcciones destinadas a ser vehículo de la trascendencia.

Impresionante tumba en Petra, ciudad de los Nabateos.

En esta ciudad podemos encontrar desde la Urna Real, que fue tallada en la propia pared, hasta los pozos en que eran enterrados vivos los criminales. Entre ambos extremos, la montaña está horadada por una verdadera colmena de cámaras funerarias.

Una columnata de la época romana, atraviesa la zona central de la ciudad, donde quedan los restos de una fuente pública, la

Nymphaeum, donde aún habitan las ninfas del agua. Llegamos después a la zona sagrada de Temenos, cuyo acceso estaba restringido por dos grandes puertas. En su centro, el templo Nabateo de Kasr El Blint (su nombre, misteriosamente, significa Castillo de la Hija del Faraón), era el recinto sagrado donde se rendía culto al dios Dusares. Encaramado en un repecho rocoso, un verdadero nido de águilas, está el monasterio llamado el Deir, rematado en su parte superior por una urna. El camino que conduce a él está lleno de grutas cargadas de cruces de extraño significado realizadas en el siglo I, cuando la ciudad pasó por un breve período cristiano.

Petra es un símbolo de la sabiduría que ha tenido siempre el Hombre para encontrar los lugares donde la energía interna de la tierra fluye en abundancia.

Los **FENICIOS** fueron los mejores navegantes y comerciantes del mundo antiguo. Ocupaba un estrecho territorio (unos 320 km de largo por 25 de ancho) entre el río Eléutero al norte y el sagrado Monte Carmelo al sur. Se organizaban políticamente en ciudades-reino, donde una en concreto dirigía a las menos importantes. Fueron sedes del poder Akka (Acre), Arados, Biblos, Berito (Beirut), Gabala, Sarepta (Sarafand), Sidón (Sayda), Simyra, Tiro (Sur) y Tripolis (Trípoli). Tiro y Sidón se alternaron como emplazamientos del poder gobernante. Su nombre viene del término griego phoinikes –púrpura–, haciendo referencia al color de sus túnicas. Hablaban la lengua semítica. Se asentaron en la costa del mar Mediterráneo hacia el año 2.500 a.C. Fueron invadidos por los egipcios en el año 1.800 a.C., de los que se independizaron hacia el año 1.100. Fundaron varias colonias comerciales, como Cartago, Rodas, Chipre, y en la península ibérica Málaga (Malaka), Adra (Abdera), Almuñécar (Sexi), Ibiza (Ebussus) y Cádiz (Gadir).

Su contribución más importante a la civilización fue la creación del alfabeto. La religión de los Fenicios es la panteísta. Todas las ciudades tenían su dios, el Baal (señor). El templo era, no sólo recinto religioso y sagrado, sino también centro cívico. Su principal divinidad era Astarté (Tanit). Desaparecieron con ese nombre en el año 64 d.C., al ser integrados, como tantos otros pueblos, en el Imperio Romano.

Astarté o Tanit es la diosa del amor y de la fertilidad. Es también el principio femenino, a la vez que el masculino es Baal. Recibe diversos nombres, los romanos la llamaron Ashtoreth. Está relacionada con otras diosas griegas, como Selene, diosa de la Luna, Ártemis, diosa de la naturaleza salvaje y Afrodita. En Babilonia y Asiria, su nombre fue Istar.

La ciudad más destacada de todas cuantas fundaron los Fenicios es la que da nombre también al único pueblo capaz de crear un

Muro fenicio bajo las arenas de las dunas en Guardamar de Segura, Alicante. Superpuesto, un busto de la gran deidad femenina Tanit.

ejército capaz de plantarle cara a las legiones romanas en aquel tiempo: Cartago.

Fundada por la legendaria reina Dido, era un puerto comercial que se fundó en el siglo IX a.C. A los cartagineses se les conocía también con el nombre de púnicos. Su religión admitía ritos cruentos, sacrificios humanos a sus dioses princiales Baal y Tanit. En su panteón residían también la griega Perséfone y la romana Juno.

La historia de Cartago es la de sus interminables guerras con griegos y romanos, que duraron 150 años. Sus principales caudillos fueron Amílcar Barca, su yerno Asdrúbal y su hijo Aníbal, quien estuvo a punto de llegar con sus ejércitos hasta Roma cruzando los Alpes con una manada de elefantes. Publio Cornelio Escipión, «el Africano», arrasó la ciudad en el año 146 a.C. (Hoy sólo es un suburbio de la ciudad de Túnez).

■ Aparte de su importancia en el campo político y el militar, los **ROMANOS** fueron creadores de nuevos conceptos en materia de construcción como consecuencia del extraordinario desarrollo alcanzado por sus arquitectos e ingenieros civiles. Su capacidad para diseñar campamentos fortificados, caminos, puentes y termas se reflejó también en sus dos obras más genuinas dentro del campo de la espiritualidad: el gran templo, tanto santuario religioso como símbolo del poder, y el pequeño recinto sagrado familiar, más doméstico y destinado a rendir culto a objetos pequeños.

Por todo el Imperio se levantaron hermosos edificios religiosos abundantemente decorados, en los que rendían culto a sus dioses (herederos de la mitología griega). Los doce oficiales recibían el nombre de Indigetes, y eran los Protectores Mágicos. Su verdadero nombre debía permanecer en secreto, para que no fueran invocados en ayuda del enemigo. Las deidades populares, por su parte, se dividían entre las relacionadas directamente con la agricultura, y las que protegían miembros y enseres dentro del entorno familiar.

Los romanos fueron extraordinarios ingenieros civiles, como demostraron con el acueducto de Segovia, aún en funcionamiento.

El panteón oficial romano estaba formado por: Júpiter, dios del rayo; Juno, diosa del cielo y del matrimonio; Minerva, diosa de la sabiduría; Marte, dios de la guerra; Venus, diosa del amor y de la belleza; Apolo, dios del sol, de la profecía y de las artes; Diana, diosa de la luna, de la caza y de la castidad; Ceres, diosa de la tierra, de la fecundidad y de los frutos; Vesta, diosa del hogar (a quien servían las Vírgenes Vestales); Mercurio, el «Mensajero», dios del comercio y de la elocuencia (posteriormente también de la medicina, portando su símbolo, el «Caduceo»); Vulcano, dios del fuego. Además de otras deidades semioficiales, como la desconocida Carmenta, protectora de las fuentes y de la poesía; Fauno y Flora, cuidadores del ganado y de las flores; Jano, que tiene a su cargo las puertas y los conocimientos ocultos; Liber y Libera, principios masculino y femenino de la fecundidad (el griego Dionisos o el Baco traco-frigio); Pales, primero dios, y luego diosa de los pastores y de los pastos; Pomona, protectora de árboles y frutos; Quirino, que es, según la interpretación de unos, Marte, y según la de otros Rómulo; Saturno, dios de la cultura; Vertumnus, que se ocupa de las estaciones y del comercio y Tellus, la Madre Tierra. El Templo del Capitolio estaba dedicado específicamente a Júpiter, Juno y Minerva.

Los dioses populares del ámbito agrícola eran: Terminus, el protector de los mojones que marcaban los límites de las posesiones; Pales, una de las más antiguas divinidades de Roma, se ocupaba de los pastores; Babuna, era la protectora de los bueyes; Insitor, el cuidador de los cereales que, con las ninfas Hamandriades, representaban el espíritu divino de los árboles; Invo, daba fecundidad a los animales; Epona, era la diosa de los caballos; Colincuenca, Adolenda, Comolenda y Deferunda acompañaban a los árboles en el momento de la tala; Conditor protegía las cosechas. En los caminos, los Compitales son los protectores de las encrucijadas, tanto en el campo como en la ciudad. Recibían culto por parte de pobres y esclavos, junto a la sangrienta Hékate, diosa de la magia.

Los que protegían las casas se denominaban Lares, dioses de los lugares, hijos de la ninfa Lara. Existen varias clases, los Praestites (protectores), que eran los dos vigilantes de las murallas de la ciudad y los Viales y Permarini, protectores de los viajes por tierra y por mar. Estaban relacionados con el culto de Vesta y con los Penates. Se realizaba una representación dibujada en la pared o bien pequeñas estatuas que se guardaban en hornacinas. Su altar era el hogar, donde se ofrecían los mejores alimentos (racimos de uvas, coronas de espigas, tarros de miel y tortas de harina), y se les consagraban la sal, la vajilla y la mesa. En Calendas, idus y nonas, así como en los acontecimientos familiares relevantes, nacimientos, bodas, aniversarios y defunciones, había que rendirles culto. Una vez al mes se encendía incienso y se libaba vino en su honor. Los

Nifeo de Valeria, un templo a las deidades de las aguas, que debió ser impresionante con sus catorce caños.

Manes, eran los espíritus de los muertos y se representaban con forma de serpiente. Los Penates eran los dioses específicamente domésticos y cuidaban de la salud de quienes habitan las domus (casas).

Éstos, que se ocupaban específicamente de las personas, eran muy numerosos. Carna protegía los órganos vitales; Fuonia evitaba las hemorragias en los embarazos; Cuba era protectora de la infancia, sobre todo del paso de la cuna a la cama; Cunina protegía del mal de ojo; Bona Dea regía la fecundidad (era esposa de Fauno); Antevorta, diosa de los nacimientos y de las profecías, intervenía en el parto cuando el niño venía de cabeza; Céculo cierra los ojos de los moribundos; Alemona alimenta al niño en el vientre de su madre; Cloacina es la diosa de los placeres sexuales, sobre todo de los más brutales; Diespiter conducía hacia la luz en los partos; Estatalino enseñaba a los niños a ponerse de pie; los Estriges les asustaban cuando no estaban protegidos Carna; Fabulino les enseñaba las primeras palabras; Farino hacía lo mismo con los primeros sonidos; Fascino y Falo personificaban la fuerza procreadora masculina; Felicitas era la diosa de la felicidad; Feronia protegía la salud, sus sacerdotes caminaban sobre las brasas sin recibir daño alguno; Febris protegía contra la fiebre; Genita Mana era la diosa del nacimiento –deseaba buena vida al recién nacido– y de la muerte –presidiendo los funerales– (se le sacrificaba un perro); los Íncubos son los genios de las pesadillas nocturnas, que a veces copulaban con las mujeres dormidas; Cardea es la protectora del quicio de la casa y Arquis de sus arcos; Devera vigilaba la casa contra Silvano, que atormentaba el sueño de las madres; Larunda era otra diosa de los muertos; Laterano otro protector más del hogar; Laverna es la diosa del mundo subterráneo que protegía de los robos; Libitina presidía los entierros; Liburno procuraba el placer sexual; Lima y Limentino se encargaba del umbral de las casas; las Linfas eran protectoras de las fuentes y de los incendios y volvían loco al que las veía; Mutuno Tutuno era otro dios de la virilidad, representado con un falo sobre el que tenía que sentarse la novia la noche de bodas. Estos son unos cuantos. Si incluyéramos todos (Runcina, Messia, Tellumo,...) la lista se haría interminable.

Pales daba su nombre al Monte Palatino y en sus fiestas, las Pailia, se encendían fuegos precursores de los cristianos de la Noche de San Juan.

El culto a Liber era particularmente impúdico en algunos lugares de Italia. Consistía en pasear un falo en un carro por el campo y después por la ciudad. Finalmente se instalaba en el foro, donde acudían las matronas a ponerle coronas de flores. En su templo había

El ara de los *lares* dentro de la domus.

representaciones de los órganos masculino y femenino, simbolizando a Líber y Líbera respectivamente.

En las fiestas Compitales, que se celebraban en los primeros días del mes febrero, se levantaban capillas en los cruces de los caminos. La noche anterior el cabeza de familia colgaba representaciones confeccionadas con lana de los habitantes de la casa para que la diosa Mania, la muerte, se fijara en ellos y no en sus representados.

El sentido mágico-religioso del pueblo romano estaba fuertemente influido por su miedo al futuro. Su vida dependía de nigromantes, arúspices y adivinos de todo pelaje, que eran consultados frecuentemente. Decidían en muchas ocasiones el comienzo de las guerras y nadie se atrevía a emprender un negocio o un viaje, o tomar una decisión cualquiera sin consultar sus auspicios.

El gran templo era el lugar donde los romanos rendían culto a los dioses oficiales, pero también donde afianzaban su prestigio social. Prueba de ello es que sirvieron para adorar a los mismos empera-

Un mosaico con una imagen de Poseidón, Córdoba.

dores en vida, elevados a una condición divina ficticia, carente de todo poder sobrenatural.

De las clases sacerdotales romanas, la más importante fueron las Vestales. Se trataba de doncellas muy jóvenes consagradas a la diosa Vesta (la Hestia griega). Tenían a su cargo mantener permanentemente encendido el fuego sagrado y eterno en el santuario del templo, así como su cuidado, la recogida de donaciones y la custodia de documentos importantes de carácter confidencial, como testamentos. En ocasiones el fuego, por descuido, se apagaba y entonces eran severamente castigadas, incluso físicamente. Todo el mundo se sumía en una gran depresión por el temor a la venganza de los dioses, hasta que el fuego era reavivado por los sacerdotes, empleando para ello los rayos del sol.

Se las elegía entre niñas carentes de defectos físicos, entre seis y diez años, pertenecientes a clases sociales libres. Al entrar al servicio de la diosa, su cabeza era afeitada, y a partir de entonces utilizaban diversos tipos de velos. Vestían una larga túnica blanca.

No debían casarse mientras durara su nombramiento. La transgresión de esta norma era penalizada con una muerte horrible, que consistía en encerrarlas en su propia tumba tras una ceremonia en que se invocaba a los dioses del mal. Allí, prácticamente sin alimento, morían de hambre (no hubo muchos casos). Cuando terminaban su ministerio, se las colmaba de honores. La gente tenía la obli-

182

gación de cederles el paso en la calle, además del respeto absoluto que infundía su palabra en los juicios. Cuando se cruzaban con un condenado casualmente, se le perdonaba.

A los 30 años, podía dejar el servicio, aunque la mayoría de las veces, permanecían en el templo instruyendo a las novicias (Hestia era en Grecia la diosa del hogar aunque, ya que en todos sus ritos y representaciones había abundantes antorchas con fuego, se la considera también su diosa. Fue la primera hija de Cronos y Rea. La versión romana de esta diosa, Vesta, ha sido más famosa precisamente por el culto impartido a través de las Vestales. Se la representaba con una túnica blanca que le cubría hasta los pies, mientras que un velo le cubría la cabeza. En sus manos puede llevar una lámpara, una antorcha, un dardo o una cornucopia –el cuerno de la abundancia–).

Tanto las instituciones religiosas como los santuarios romanos fueron, tras la conversión de Constantino el Grande (313), hijo de Santa Elena, asimilados por el cristianismo.

Una tumba romana en Ercávica, Cuenca. El Imperio llegó a Hispania muy temprano, y luego se diluyó entre los visigodos.

ENTRE LAS BRUMAS DEL ATLÁNTICO

EL OCÉANO ATLÁNTICO recibe su nombre de la mítica Atlantis, una supuesta civilización de tecnología muy avanzada, que sufrió un gran cataclismo, a consecuencia del que se hundió quedando oculta para siempre en sus profundas fosas. Desde entonces espera, en algún lugar, ser descubierta.

Esta masa de agua que ocupa el 22,7 por ciento del total de los océanos es un almacén de misterios. El Mar de los Sargazos, el Triángulo de las Bermudas, el de las Azores, a Costa da Morte (donde no cesa nunca el viento que agita las aguas), o el Canal de la Mancha, encierran enigmas aún no resueltos. Podríamos decir poéticamente que quizá es la venganza de los Atlantes.

La bruma es un fenómeno atmosférico permanente en muchas de sus zonas. Su húmedo abrigo vela y protege lugares emblemáticos donde el Hombre ha tratado de ponerse en contacto con el Universo de diversos modos y con distintas intenciones.

■ Amanece en la campiña de la actual Salisbury el 21 de diciembre del año 3.500 a.C. El sol penetra por un extraño círculo de piedras erguidas sobre la llanura, formando un inmenso cromlech, y lentamente va deshaciendo la nieve caída durante la noche. La Danza del Gigante, según la terminología empleada por los arquitectos medievales, indica a sus constructores que están en el solsticio de invierno.

El templo místico de **STONEHENGE** es uno de los lugares considerados con mayor poder energético de cuantos ha construido el hombre en la infancia de la civilización. A su alrededor abundan otros restos prehistóricos como los muros de Durrington, Woodenge, o los 350 túmulos que parecen apuntar a que quien colocó sus piedras era un pueblo de pastores neolíticos que había encontrado en aquel lugar la morada de sus dioses.

El crómlech gigantesco de Stonehenge, un lugar con connotaciones
místicas y astronómicas.

Sin embargo, hay muchos misterios que rodean a este extraordinario monumento que hacen dudar de que se tratara de simples campesinos. No sólo es un recinto místico, sino que, aparentemente, también es un observatorio astronómico.

Su estructura es circular. Los llamados orificios de Aubrey rodean el conjunto. La parte interior estaba formada por un gran círculo de monolitos de 5 metros de altura, cubiertos con un dintel continuo, del que quedan algunos restos. Más hacia el centro hay otro de piedras azules que encierran una herradura en la que actualmente se pueden apreciar cinco trilitos (una piedra horizontal encastrada sobre dos verticales mediante una especie de semiesferas). En su interior, otra herradura encierra la gran Piedra del Altar. Fuera del conjunto se encontraba la gran piedra Talón, que indicaba el comienzo de la avenida que conducía al recinto sagrado. Ambas se alinean para indicar el punto por donde sale el sol en el horizonte durante el solsticio de verano.

Aparte de observatorio de los movimientos de los cuerpos celestes, pudo tener alguna intención funeraria. Estas antenas, capaces de establecer contacto entre los hombres y el Universo, habrían servido también para cargar a los difuntos con la energía procedente de los rayos del sol durante los solsticios. En los 56 orificios de Aubrey se han encontrado cenizas que indican que allí se realizaron cremaciones.

El templo fue abandonado hace unos 3.000 años, aunque su magia no ha desaparecido. A pesar de la leyenda que atribuye su construcción al mago Merlín, uno de los personajes centrales del ciclo Artúrico, hay que aceptar la evidencia de su mayor antigüedad.

Se atribuyeron tradicionalmente a sus piedras poderes para curar las enfermedades que se trasladarían a las aguas que empapan aquella tierra y luego circulan hasta los acuíferos subterráneos.

En los últimos 20 años recibe la visita regular de los modernos druidas, que realizan ceremonias con las que tratan de recuperar el poder mágico de aquellas piedras que, a pesar de los años, no ha desaparecido.

▪ Estamos en Irlanda, en la Curva del Boyne, desde donde casi puede olerse el perfume salobre del mar que separa la cuna de James Joyce de la Escocia de Walter Scott. Allí está **NEWGRANGE** .

En 1699, en este lugar, verdadero huevo cósmico construido perfectamente por artesanos que vivieron en el 3.250 a.C., Edward Lhuyd (1670-1708) encontró un pasadizo construido con grandes piedras, que describe del siguiente modo: «*Al principio tuvimos que arrastrarnos, pero a medida que íbamos penetrando en su interior, los pilares se hacían cada vez más altos. Al entrar en la cueva alcanzaban los 6 metros de altura. A cada lado había una especie de celda o habitación, y otro más, exactamente frente a la entrada.*»

Petroglifos en forma de espiral en el gran monumento funerario de
Newgrange, Irlanda.

Así fue como se descubrió el cementerio prehistórico más importante de Irlanda. Newgrange, junto con Knowth y Dowth, tres tumbas con unas 25 galerías. Está además repleto de tallas de simbología desconocida, donde podemos encontrar espirales que se entremezclan misteriosamente, a la vez que losanges y otros signos que podrían ser mapas astronómicos. Pero no sólo eso. Su forma de huevo, más un gran pilar en forma de falo, y una cámara subterránea que podría ser la representación simbólica de un claustro materno, son pruebas de que también es un santuario consagrado a las fuerzas vitales.

Al igual que en Abu Simbel, la luz del sol cobra especial protagonismo en este recinto, puesto que el día del solsticio de invierno, por su entrada (que estaba cerrada habitualmente con dos puertas de piedra), penetra una fina línea de luz que ilumina hasta la última cámara. El fenómeno dura 20 minutos.

Los constructores de Newgrage, como los de Stonehenge, fueron hábiles concentrando la energía de la luz, de la piedra y del cosmos al servicio de la trascendencia del hombre.

■ Dos lugares, a ambos lados del Canal de la Mancha, nacen también al abrigo de la bruma marina. En ellos se elevaron dos monumentos pétreos concebidos como colosales observatorios astronómicos, a la vez que centros dedicados a la fertilidad: **CARNAC**, en Morbihan, Bretaña francesa, y **AVEBURY**, en el condado inglés de Wiltshire.

En el primer caso, la impresión que causa contemplar miles de megalitos, entre dólmenes, menhires y túmulos, es la de encontrarnos ante el que, seguramente, sea el mayor conjunto megalítico del mundo. Existen tres grupos de monumentos, de los que el más importante tiene unos 1.100 monolitos de granito colocados formando filas de 1.030 metros de longitud aproximadamente que terminan en una especie de arco.

Cerca se encuentra Kercado, donde hay una colina herbosa coronada por una gran piedra vertical. Debajo de ella hay un túmulo orientado al este. En su interior, una cámara cuadrada sirvió de última morada durante generaciones. Posiblemente se construyó hace 6.700 años, lo que la convierte en la estructura megalítica más antigua del viejo continente, superando en antigüedad a Stonehenge y a las Pirámides.

En el segundo encontramos el túmulo de West Kennet, que con sus 104 metros de longitud es la tumba prehistórica más grande de Inglaterra. También el henge, un círculo formado por megalitos que ocupa unas 11,3 hectáreas y rodeado por una zanja de 15 metros de profundidad. Está considerado como el más grande del mundo. Como tantos otros monumentos megalí-

Uno de los grandes monolitos de Carnac, Francia.

ticos, fue desmontado en parte al considerar que eran templos dedicados a cultos paganos. Sus piedras se reutilizaron para construir las casas y granjas de los pueblos cercanos. La colina artificial de Silbury es la más alta de Europa. Su función sigue siendo un misterio.

Seguramente fue construido como santuario donde celebrar ritos relacionados con los espíritus de la fertilidad, que consistían en sacrificios de hombres y de animales mientras se realizaban prácticas sexuales. Además de su valor simbólico, aquellos hombres, con una sensibilidad que la mayoría de las personas ha perdido, podían aprovecharse de las energías que, a través de estas piedras, emanaban de la Tierra.

▪ En Portugal, los conjuntos dolménicos reciben el nombre de Antas, y se concentran en la región de Elvas. Son las **ANTAS DE ELVAS**.

Para visitarlos se han establecido dos circuitos denominados Guadiana y Barbacena. El primero empieza en el Anta da Quinta do Forte de Botas y sigue por Valmor, Monte Ruivo, Sobral, San Rafael, Defensinhas y Venda. Desde ellos se podía ver y a la vez concentrar el poder del cercano río al que los árabes denominaron Wadi Ana (río agraciado). Miguel de Cervantes le atribuye pasiones humanas: «¡Oh lloroso Guadiana, y vosotras sin dicha hijas de Ruidera, que mostráis en vuestras aguas las que lloraron vuestros hermosos ojos!».

Su nacimiento en las Lagunas de Ruidera es un misterio que ha excitado la imaginación de los hombres, quienes le consideran originado por un acto de magia. Arranca aquí toda la sabiduría de la Tierra, toda la energía del karst interior de La Mancha. Luego, desaparece, para volver a surgir 50 kilómetros después en Argamasilla de Alba, en el paraje conocido como Los Ojos del Guadiana. Su vuelta a las profundidades de la Tierra lo convierten en un símbolo de iniciación en los misterios de la muerte y resurrección. Los hombres que construyeron las Antas conocían todo esto y por eso le otorgaron su carácter mágico-religioso.

El segundo circuito comprende las de Torre das Arcas, Serrones, Coutada, Dom Miguel, Olival do Monte Velho, Cabeço do Torrão, Monte dos Frades y Quinta das Longas. Su estudio ha permitido imaginar cómo llegaron a construirse estas puertas al más allá mediante la excavación de trincheras en las que clavar las piedras y su soterramiento posterior.

Anta de Pala da Moura, en Douro, Portugal.

Santuarios del Islam

Oración diaria, Peregrinación a La Meca, Ayuno, Limosna y Recitar el Credo del Islam, las cinco obligaciones de todo musulmán, para quien «No hay más dios que Alá y Mahoma es su profeta».

La Meca, ciudad en la que nació Mahoma en el año 570, es el centro espiritual del Islam. En aquellos tiempos las tribus que poblaban la península arábiga vivían practicando una amalgama extraña de ritos animista-panteístas heredados de las religiones paganas (la «edad de la ignorancia»).

El pueblo árabe desciende directamente de Abraham. En el Viejo Testamento, se cuenta como su esposa Sara hasta entonces no había tenido hijos, con lo que el patriarca se unió, con permiso de Dios, con su esclava Agar, de quien nació su primogénito Ismael (padre del pueblo agareno o mahometano). Los celos fueron la causa de que ambos fueran desterrados al desierto para que murieran de sed. Dios inspiró a la esclava para encontrar una fuente milagrosa donde madre e hijo encontraron alimento. La leyenda cuenta que ésta es el pozo sagrado de La Meca, Zam Zam. Su agua es la que se utiliza para limpiar La Kaaba (el Gran Santuario del Islam).

Estamos ante una construcción cúbica cubierta con un gran paño negro . Una cortina con inscripciones bordadas en hilo de oro da acceso a su interior. Antes de penetrar, los musulmanes tienen que dar siete vueltas a su alrededor entonando cánticos rituales. Dentro se halla la Piedra Negra de Adán. Durante la ceremonia frotan y besan la piedra para absorber su energía espiritual, que les fortalecerá para que lleven una vida virtuosa.

Según los geólogos, la Piedra Negra, es un meteorito. La tradición afirma que cayó en el paraíso para que Adán pudiera usarla como una especie de almacén donde fueran enterrados sus pecados. En

192

principio era blanca, pero con el tiempo se oscureció como consecuencia de la gran cantidad de faltas acumuladas. En ella puso su pie Abraham para consagrarla como piedra angular de la Gran Mezquita. Kaaba significa simplemente «edificio cuadrado». Tiene 12 por 10 metros de base y 15 de altura y está orientada hacia los cuatro puntos cardinales. Según la leyenda fue construida por el propio Ismael, ayudado por su padre Abraham. Antes de convertirse en el centro espiritual del Islam era un templo pagano donde se daba culto a numerosas divinidades como Fortuna o Venus.

En el Corán, el libro sagrado de los musulmanes, inspirado por Alá a Mahoma, se establece que diariamente tienen la obligación de postrarse cinco veces y rezar en dirección a La Meca. Este rito se realiza al amanecer, al mediodía, a media tarde, en el ocaso, y cuando llega la noche.

La Kaaba, rodeada de fieles musulmanes celebrando sus ritos.

«*No podíamos soportar el brillo de su cúpula, que nos cegaba con su divina blancura. En su interior, las voces de los sacerdotes resonaban de tal modo que fuimos capaces de ascender al paraíso en vida.*» (Anónimo)

El Gran Mogol Chah Jahan debió sentirse tan triste y desolado cuando falleció su esposa, la persa Arjmand Banu, que plasmó su desconsuelo en uno de los monumentos más poderosamente evocadores que ha mandado construir un musulmán.

Agra es una ciudad india del estado de Uttar Pradesh, a orillas del río Yamuna. En el siglo XVII fue gobernada por el emperador Jahangir, nieto de Akbar (1542-1605), cuando su imperio se encontraba en su máximo esplendor. Los poderosos gobernantes mogoles intentaron crear un clima en el que tuvieran cabida todas las tendencias y religiones. Algo parecido a lo que sucedió en Toledo en la corte de Alfonso X «el Sabio».

El tercero en la estirpe fue Chah Jahan, que en 1612 tomó por esposa a Arjmand –entonces cumplía los veinte años–, dándole el título de Mumtaz Mahal (»perla del harén»). Esta mujer, que fue muy amada por su marido, falleció al dar a luz a su décimocuarto hijo. Entonces el emperador, para perpetuar su memoria, edificó el más hermoso templo al amor creado por el hombre.

El **TAJ MAHAL** parece como si no fuera de este mundo. Su construcción empezó en 1630 y terminó en 1652. Trabajaron en él 20.000 obreros y los mejores artistas del mundo, venidos de Persia, Egipto, China y Florencia. Se buscó el jade en las montañas chinas, los rubíes birmanos, la calcedonia egipcia y las perlas de ámbar sirias. Sus losas de mármol parecen flotar, como si fueran gasas livianas bordadas por huríes del paraíso.

La cúpula de este mausoleo tiene una acústica prodigiosa. En ella, la salmodia espiritual que el almúedano sufí canta desde su centro mágico, rebota una y otra vez, generando ecos incompren-

194

sibles que parecen venir de algún sitio fuera del tiempo y del espacio.

En definitiva, este mausoleo, no sólo es un edificio cuyo poder trastorna, sino también un poema que nos habla del amor.

El flautista norteamericano Paul Horn, en el año 1976, grabó un disco en el interior de su cúpula: Inside II. En él, se produce un maravilloso diálogo entre el canto místico musulmán y una flauta.

El imponente Taj Mahal envuelto en la luz del atardecer.

«Sucedió que después de estas palabras puso a prueba Dios a Abraham diciéndole: Abraham, Abraham. Y él respondió: Heme aquí... Toma a tu hijo amadísimo, al que amas, Isaac, y sacrifícamelo... Vete, le dice, a las tierras altas, y allí sacrifícalo en holocausto en uno de los montes que te mostraré» (Gén. 22,1)

Los musulmanes construyeron en Jerusalén la mezquita de la **CÚPULA DE LA ROCA** (Qoubet el-Sakhra) entre los años 688 y 692. El «Profeta» había muerto en el año 632. A partir de este momento, empezaron a edificar los santuarios islámicos más importantes. Éste es el tercer lugar más sagrado para los creyentes, tras la Meca y Medina.

Erróneamente se atribuye su construcción a Omar, compañero de Mahoma. Realmente la hizo el califa omeya Abd al-Malik, que la quería como símbolo del triunfo de la fe coránica sobre la evangélica, y para contrapesar el que representaba la Basílica del Santo Sepulcro.

Ocupa el mismo lugar donde estuvieron el Tabernáculo del Templo de Salomón y posteriormente el palacio del rey Herodes Agripa. Corona el monte Moria, lugar en donde, según la tradición judía, Abraham había de sacrificar a Isaac, según reza el versículo citado más arriba. Los musulmanes, por su parte, consideran que la roca que allí se adora es desde la que Mahoma emprendió el «viaje nocturno» al Paraíso, montado a lomos de una burra (Sura 17 del Corán).

La Cúpula, de madera revestida de metal dorado, se eleva sobre un edificio octogonal de color turquesa en el que se abren puertas a los cuatro puntos cardinales, como símbolo del centro del mundo. Su planta es una estrella de ocho puntas, figura que sintetiza cuadrado y círculo, reposo y movimiento, tiempo y espacio. Es de estilo bizantino con reminiscencias paleocristianas. Sus paredes están

La Cúpula de la Roca y el Muro de las Lamentaciones.

decoradas con mosaicos polícromos en los que pueden contemplarse símbolos sasánidas y bizantinos parecidos a algunos budistas e hindúes. Este recinto funciona como una verdadera biblioteca de conocimientos matemáticos y esotéricos.

En este emplazamiento sagrado está también la Mezquita de **AL-AQSA**. Según la tradición, su construcción se remonta a la época del mismísimo Adán, quien 40 años antes habría edificado la Kaaba de La Meca. «*Pregunté al Mensajero de Al-lâh acerca de la primera mezquita* (el primer recinto sagrado) *sobre la Tierra y me respondió: 'La Mezquita Sagrada (en Meka)'. Le pregunté cuál fue la siguiente y me respondió: 'La Mezquita Al-Aqsa'. Le pregunté cuánto tiempo transcurrió entre la construcción de una y otra y me respondió: 'Cuarenta años'*» (Abu Dharr al-Ghifari, uno de los compañeros de Mahoma).

Siguiendo con la tradición, habría sido renovada por el profeta Jacob, y después por el propio David. La terminaría el rey Salomón, aunque algunos autores como Al-Zarkasi, en su libro A'lam Al masajid, afirman que el rey Sabio simplemente la renovó.

■ Estamos ahora cruzando a través del Sio-Seh pol (el Puente de los Treinta y Tres Arcos, sobre el río Zayandeh Roud), en **ISPAHAN O ISFAHAN**, la fabulosa ciudad de las *Mil y Una Noches*, donde volaron las alfombras mágicas, parientes de las que ahora se secan al sol.

Sobre las arenas ocres del desierto reverberan espejismos donde se refleja un mar de irreales cúpulas azules. Son santuarios concebidos para representar el Cielo en la Tierra mediante filigranas matemáticas que contienen el nombre de Alah, el Misericordioso.

La estética sublime de la Mezquita del Imam se refleja en sus serenas láminas de agua, donde podemos observar la artística caligrafía con que los persas decoraron lozas y paredes en honor del Altísimo. El mismo alfabeto, en la Mezquita del Viernes, nos cuenta la historia del Irán de los emperadores, en medio de un silencio sólo roto por los pájaros, que enseñaron su misterioso lenguaje al príncipe Ahmed al Kamel, el «Peregrino

del Amor» del Generalife granadino, como nos cuenta Washington Irving en Los Cuentos de la Alhambra.

En el centro de la ciudad, la Mezquita de Masjid-i-Shah, construida durante el reinado del Sha Abbas I el Grande (1587-1629), es un universo turquesa que se derrama desde las cúpulas hasta los hermosos jardines. Los artesonados de sus techos son mandalas en los que es imposible fijar la vista sin experimentar la sensación de que nuestra conciencia cambia y se eleva. Incluso al rato notamos una ligera sensación de liviandad, de pérdida de peso, como si de repente fuéramos a levitar hasta un techo del que parecen colgar miles de estalactitas azules.

El sol cubre de oro el puente, del que cuelgan cientos de alfombras multicolores que, lastradas por piedras, se sumergen en las aguas del río. Es el rito que honra las mágicas aguas de esta ciudad-oasis, centro neurálgico de la ruta de las especies, que luego vino a denominarse la Ruta de la Seda.

Mezquita del Sheikh Lotf Allah.

EL RECINTO CRISTIANO

«Estaba aproximándose el año mil trigésimo tercero de la encarnación de Cristo, mil de la pasión del propio Salvador... y en el tiempo que siguió estalló por todo el orbe terrestre una gran hambre y se corrió el riesgo de que casi la totalidad del género humano muriese. Las condiciones atmosféricas se hicieron tan desfavorables que no había momento adecuado para ninguna siembra..»

(RAÚL GLABBER:

Historiarum libri quinque, IV. De fame validissima quae contigit in orbe terrarum)

EUROPA A FINALES DEL PRIMER MILENIO, como hemos visto, sufrió un gran deterioro en las condiciones ambientales y sociales. La climatología, en ocasiones no fue favorable y los alimentos escasearon en ocasiones. Hay que añadir además las deficiencias higiénicas y sanitarias. Como consecuencia la población se vio reducida a causa de diversas enfermedades infecciosas entre las que podemos citar la peste bubónica.

Tanta penuria y oscuridad terminó poco después del año 1030. Entonces comenzó una verdadera mini-revolución industrial en todos los ámbitos que tuvo su reflejo en la forma de planificar y edificar santuarios. Estamos en los albores de un nuevo concepto estético y doctrinal de la arquitectura: el *románico*, que hasta comenzado el siglo XIII sembró Europa de recintos sagrados.

■ En el año 910, en el centro de Francia (departamento de Saône-et-Loire, junto al río Grosne, cerca de Mâcon), se construye el primer monasterio que adopta este estilo arquitectónico: la **ABADÍA DE CLUNY**. Muy pronto sería en el más importante centro religioso que seguiría la regla de San Benito de Nursia (480-547) (reformada por San Benito de Aniano en el año 821). Este edificio fue el recinto sagrado más grande del mundo hasta la construcción de la Basílica de San Pedro del Vaticano.

La orden monástica del Císter fue fundada en Citeaux (1098) por un grupo de monjes de la región de Borgoña descontentos con la relajación a la que habían llegado los monjes que seguían la Regla de San Benito. Los cenobios se habían transformado en iglesias y palacios suntuosos alejados del mensaje evangélico. Su objetivo era recuperar el espíritu original del monacato. San Alberico, antiguo abate de Molesmes, Étienne Harding y San Roberto se encargaron de la primera fundación. Para ello se trasladaron a una región de bosques tupidos y recónditos, donde construyeron un edificio considerado como modelo arquitectónico. La gran fama alcanzada por la **ABADÍA DE CITEAUX** fue razón del nacimiento de nuevas vocaciones. Muchos jóvenes se incorporaron entonces, así que pronto se quedó pequeña. Es en el año 1115 cuando trece monjes jóvenes fundan en una aldea del departamento de Aube un nuevo monasterio .

La abadía de Cluny.

◼ El primer Abad de **Claraval** fue San Bernardo (1134) que pronto fue el referente doctrinal de la orden. Los principios básicos consagrados en la regla eran: la ascética y el alejamiento del mundo buscando la unión con Dios. Para ello era necesario prescindir de todo lo suntuoso que fuera capaz de distraer a los monjes. Sus labores diarias debían realizarse en silencio para conseguir que el alma no tuviese otro objetivo que la contemplación del Creador. Sus propias palabras testifican estas ideas: *«¿Qué finalidad tiene, delante de los hermanos que se consagran a la lectura, estos monstruos ridículos de deforme belleza o de bella deformidad?»*

Cluny apoyó la arquitectura románica, caracterizada fundamentalmente por la austeridad de sus iglesias, ermitas y monasterios, lugar de recogimiento y oración de religiosos exclusivamente. Los monjes preferían establecerse en lugares recónditos, como valles alejados de los caminos más transitados, donde encontrar el silencio necesario para encontrarse con Dios siguiendo el principio *ora et labora* (reza y trabaja). El Císter, por su parte, sería el impulsor del gótico.

En ambos estilos se aplicaron, de diferente manera, las normas de la que venía llamándose geometría sagrada desde la antigüedad. También las dos podrían calificarse como armazones arquitectónicos de lo sublime.

San Bernardo funda Clarivaux ante San Esteban (Etienne) Harding.

202

(DANIEL RUBIO. «Una cuestión de consciencia»)

En el siglo XII, el santuario románico empieza a ser sustituido por el gótico. De una simbología muy simple se pasa a otra más abigarrada, repleta de enigmas que reflejan nuevas inquietudes e interpretaciones del mundo. Una de las más importantes, sin duda es la **CATEDRAL DE CHARTRES**, consagrada a Nuestra Señora la Virgen, pero en este caso con un antecedente pagano.

Chartres y su laberinto.

La técnica empleada en las catedrales supuso una ruptura radical con modos de construir previos, incorporando elementos que tienden a aligerar las paredes de los edificios. Para intentar comprender los innumerables interrogantes que plantea, debemos hacer un recorrido que empieza en la Prehistoria, cuando alguien descubrió que el lugar de su emplazamiento no era como los demás. Quienes primero detectaron en el lugar la existencia de energías especiales fueron los constructores megalíticos, que levantaron allí uno, dentro del que practicaron un pozo. Posteriormente, según Julio César, los druidas, los sacerdotes celtas, eligieron el lugar para establecer una escuela donde impartir sus conocimientos mágicos y ritos. El bosque de los Carnutes servía para sus reuniones. Cuenta una leyenda que tuvieron la visión de que una virgen tendría allí un niño, la *virgen pariturae*. Tallaron, pues, su imagen en un trozo del tronco de un peral, y la instalaron en el santuario con el nombre de Virgen Bajo Tierra (en la gruta del druida, ya mencionada).

Corría el siglo III, cuando llegaron los primeros cristianos a la ciudad. Allí encontraron la caverna artificial y una virgen oscurecida por los años. Sobre ella construyeron una iglesia por la que había que pasar para acceder a su interior. Destruida ésta, se fueron edificando encima otras cinco. La sexta es la catedral medieval, la que hoy podemos contemplar y admirar, con todos sus enigmas. El primero, el laberinto que ocupa parte del piso, que los peregrinos recorrían siguiendo un programa establecido, buscando aumentar la consciencia ante lo sagrado. Durante el solsticio de verano, un rayo de sol que penetra por la vidriera de San Apolinar (¿Apolo?), se sitúa sobre un clavo dorado en una losa que rompe la simetría del pavimento, con algún extraño fin. Dijo el cabildo que era para poner en hora los relojes, pero tendrían que explicar mejor sus argumentos que, de momento, no convencen. Por último están las energías telúricas que, según los expertos, se amplifican en su interior.

Existe una relación directa entre la aparición del gótico y la época de las cruzadas, como si quienes viajaron a Oriente Medio hubieran traido de allí algún tipo de conocimiento necesario para la evolución arquitectónica que tuvo lugar tras la modificación de Saint Denis, en París. En especial, se consideran transmisores e impulsores a los monjes-soldados de la orden del Temple, que podrían haber sido quienes comunicaron esos saberes a los maestros constructores que pululaban en ese momento por toda Europa, que incorporaron nuevas especializaciones, como la de los vidrieros que vistieron las nuevas y ligerísimas paredes de imágenes polícromas que necesitaban del concurso de la luz.

El rosetón es un ente matemático-geométrico relacionado con el ritmo y la proporción. Y con la luz que lo convierte en mecanismo y en transmisor de conocimientos.

DIOSES LEJANOS

«A uno y otro lado de las vastas avenidas, que medirían unos setenta metros de anchura, se aglomeraba un sinfín de edificios gigantescos, cada uno de los cuales poseía su propio jardín.»

(HOWARD PHILLIPS LOVECRAFT. En la noche de los tiempos)

ENTRE EL AÑO 2500 Y 2100 a.C. en el corazón de la India se desarrolló una civilización que, tras 300 años de esplendor, quedó olvidada. La ciudad de **MOHENJO-DARO** es una de las primeras que fueron perfectamente planificadas por los hombres.

En el Rig-Veda, el primero de los libros sagrados hindúes, se citan una serie de leyendas que hablan de una civilización ya desaparecida que habría levantado ciertas fortificaciones. Éstas pasaron a ser consideradas mitos con escaso fundamento. Pero entre los años 1920 y 1930, los arqueólogos sacaron a la luz dos ciudades coetáneas con las civilizaciones mesopotámica y egipcia.

El dios Indra habría ordenado a los arios a ocupar el valle del Indo, objetivo que alcanzaron en el año 1500 a.C. aproximadamente.

Dos ciudades de ladrillo parecen justificar tal relato: la mencionada **MOHENJO-DÁRO** y **HARAPPÁ**. La primera en el lugar conocido como «el montículo de los muertos» y la segunda 560 kilómetros más hacia el norte.

Su descubridor, sir Mortimer Wheeler, fue nombrado director general de excavaciones arqueológicas en la India en el año 1944.

La primera es un conjunto rectangular atravesado por doce calles de 14 metros de anchura. La superficie, como consecuencia, estaba dividida en 12 sectores, de los cuales 11 eran residenciales y el último usado para labores administrativas y de gobierno. Ocupaba una pequeña colina en la que había tres edificios principales: la sala de reuniones, el gran baño y el granero.

Una estatuilla de esteatita representa a una especie de dios o sacerdote cubierto con una extraño atuendo, decorado con lo que parecen ser tréboles. Aquellos hombres prescindían del bigote y arreglaban cuidadosamente su barba. Se han desenterrado también muchos sellos tallados en piedra trabajados con técnicas muy depuradas.

Los dioses a los que adoraban permanecen en el misterio, aunque uno con tres cabezas coronadas con cuernos podría ser el que inspiró la figura del dios hindú Shiva. También se rendía culto a una diosa madre.

En el año 1900 a.C. estas ciudades, abandonadas, fueron poco a pocos sepultadas por la arena y la escasa vegetación que paulatinamente había sustituido a los grandes bosques. Las riadas del Indo fueron enterrando los secretos de estas míticas ciudades, con lo que han quedado ocultas hasta nuestros días.

La estatuilla barbada y los sellos de Mohenjo-Daro.

Lejos, muy lejos, casi en las antípodas de Egipto, otros dioses o fuerzas desconocidas, llevaron a una civilización a construir, con millones de ladrillos cocidos, formidables pirámides escalonadas.

Las sombras de las pirámides del Sol y de la Luna oscurecen cíclicamente los veintitrés y medio kilómetros cuadrados que ocupa la ciudad sagrada de **TEOTIHUACÁN**. El juego de luces y sombras que recorren el suelo durante el doble ciclo del día y de la noche activaría el poder de inducir al éxtasis místico a los sacerdotes que tenían la misión de sacrificar víctimas humanas a Queatzalcóatl (la serpiente emplumada). Sus cuchillos de obsidiana, sometidos en la caverna sagrada que constituye la cripta de la pirámide a la influencia del seno maternal de la Tierra, donde se habían engendrado Sol y Luna, quedarían dispuestos a arrancar el corazón palpitante de las víctimas.

Al igual que la base de la de Keops, la dedicada al astro solar (el principio masculino), tiene 225 metros de lado, aunque su altura sea solamente de 70. Fue levantada en el siglo I d.C. sobre los restos de una anterior más pequeña. En su cima había un recinto sagrado dedicado al dios en el que sólo podían entrar sus sacerdotes.

La Pirámide de La Luna, más pequeña, tiene 145 metros de lado y una altura de 40. Su cima estaba coronada por una estatua de 20 toneladas. A partir de ella se extiende la Avenida de los Muertos, que nada tiene que ver con difuntos, sino con la conexión entre Cielo y Tierra a través de estas impresionantes estructuras.

Por último, aparte de los innumerables edificios de la Ciudadela, y otras plataformas troncopiramidales menores, está el Templo de Queatzalcóalt. Tiene seis grandes escalones. Está dedicado a la Serpiente de Fuego, que guía al sol a través del día. Tiene gran cantidad de cabezas de ofidios con el cuello rodeado por una gola de plumas, así como máscaras del dios Tlaloc.

Quizá porque cambiaron las condiciones climáticas, o debido a la invasión de los bárbaros del norte, este recinto sagrado fue abandonado. Ahora, bajo las arenas del desierto mejicano, duermen sus secretos en espera de ser revelados.

El complejo piramidal de Tehotihuacán es sensiblemente distinto del que ocupa la meseta de Gizeh, tanto en estructura como en materiales. Tampoco parece que las motivaciones hayan sido las mismas.

(MIGUEL G. ARACIL: La sonrisa de Chac)

La pirámide conocida como «El Castillo», en **CHICHEN ITZÁ** (la boca de los «cenotes» de *Itzá*), está coronada por un templo dedicado a Kukulkán (el Queatzalcóalt de los Mayas).

Se trata de un recinto donde se rinde culto al tiempo y al espacio. Para llegar a la parte superior de esta pirámide escalonada de 30 metros de altura, hay que subir una de sus 4 rampas. Cada una tiene 91 empinados escalones que producen inevitablemente vértigo en quien se atreve a ascender por ellos. Sus dieciocho terrazas se corresponden con el mismo número de meses de 20 días del calendario maya. Ocupando una superficie de 3 kilómetros cuadrados hay otros edificios sagrados, como el Templo de los Guerreros, el Caracol o Torre Circular (un viejo observatorio astronómico) y la Casa de las Monjas.

La pirámide escalonada de Chichen Itzá.

Los «cenotes» son pozos anchos y profundos que dan acceso a una compleja red de túneles inundados. Se utilizaban para abastecerse de agua. Alguno de ellos, como el de Chichen Itzá, sirvió para realizar sacrificios humanos a Chac, el dios de la lluvia.

El cenote sagrado "azul" de Chichen Itzá, un río subterráneo al que los mesoamericanos convirtieron en antro sagrado.

Este sanguinario dios fue generoso con la selva que rodea las ruinas de Palenque (Chiapas, Méjico). Lloró allí abundantes lágrimas para que hoy, en medio de un impresionante verdor, podamos contemplar un verdadero laberinto de habitaciones y pasadizos. Todos ellos conducen hasta el pie de tres pirámides escalonadas, en cuya cima hay otros tantos templos.

En el año 1949, el arqueólogo mejicano Alberto Ruz Lhuillier encontró bajo una losa un túnel que descendía pronunciadamente hacia el interior de la pirámide más importante, conocida como el

Templo de las Inscripciones. Tras tres años de sacar gran cantidad de escombros, alcanzaron una cámara donde había una lápida triangular y seis esqueletos de jóvenes, seguramente sacrificados en alguna ceremonia ritual. Cuando la retiró, encontró una estancia donde otra losa de piedra de 5 toneladas tapaba un sarcófago. A su alrededor, en las paredes estaban representados los nueve Señores de la Noche adorados por el pueblo maya.

La tumba era de un noble llamado Pacal. Su máscara funeraria es de madera sobre la que se engastan dos centenares de piedras de jade, con pupilas de obsidiana y córneas de nácar. Sin embargo, lo que más le llamó la atención fueron las tallas de la lápida, donde se podía apreciar un hombre reclinado debajo del árbol sagrado que comunicaba la Tierra con el reino de los espíritus.

En su obra Recuerdos del Futuro, el suizo Erich von Daniken, afirmó sin cortarse, que esta figura es la representación de

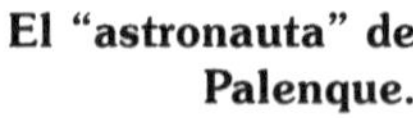

El "astronauta" de Palenque.

212

un astronauta, posiblemente extraterrestre, en el interior de una nave espacial. Desde luego estamos ante un enigma que parece haber sido inflado artificialmente. La opinión de algunos expertos, como Fernando Jiménez del Oso, es que es necesaria una gran imaginación para pretender que estamos ante una representación de un cohete de propulsión a chorro, del tipo de los que utilizamos hoy día. Hace falta mucha imaginación, como puede comprobarse en la ilustración adjunta.

Los otros edificios religiosos de Palenque son los templos del Sol, de la Cruz y de la Cruz Foliada; todos ocupan la parte superior de pirámides de estructura semejante. Dentro de cada santuario hay una tablilla con jeroglíficos y dos humanos que custodian un objeto ceremonial. Allí está la máscara del dios Jaguar del Otro Mundo y dos árboles en forma de cruz en los que se posa un pájaro. Desde ellos puede contemplarse como el río Usumacinta se pierde en el horizonte.

«Acto seguido se organizó una expedición para explorar la cueva y los científicos descubrieron los túneles que llegan hasta Machu Picchu, donde se haya una rara piedra capaz de dar al vida o provocar la muerte: un souvenir dejado por los extraterrestres en un pasado remoto.»

(PABLO VILLARRUBIA. *Brasil Insólito.*)

Poca gente podía imaginarse antes de 1911 que a 112 kilómetros de Cusco se encontraba el santuario más prodigioso de los Andes y uno de los más misteriosos del mundo. Hiram Bingam quedó asombrado cuando, buscando Vilcabamba (la ciudad a la que huyó Manco Inca tres años después de la llegada de Pizarro en 1530), encontró algo que no esperaba. A una altitud aproximada de 2.250 metros, 450 sobre el río Urubamba, se encuentran las ruinas de la ciudadela que recibe el nombre de un monte cercano, el **MACHU PICCHU** (viejo pico), construida aproximadamente en el año 1450.

Ocupa unos 13 kilómetros cuadrados de terrazas en torno a una plaza central. De aquí parten diversas escaleras que conducen a unas 150 viviendas de una sola habitación espléndidamente construidas, que hoy día están en ruinas. Las más grandes fueron recintos sagrados donde se celebraban ceremonias religiosas, como por ejemplo la Casa de la Ñusta (dedicada a ritos lustrales), a la que se accedía por unas puertas trapezoidales; el Templo de las Tres Ventanas, y la Torre del Sol. Hay también un observatorio astronómico, en cuyo centro una piedra, el Intihuatana, sirve tanto de reloj de sol como podría haber sido altar ceremonial. Está dedicada al dios Sol (Inti). En la fiesta del solsticio de verano, el Inti Raymi, se amarraba simbólicamente al astro rey para que volviera al año siguiente, cosa que preocupaba especialmente a los incas.

Pero lo que importa de esta ciudadela son las desconocidas técnicas de construcción que empleó un pueblo que no conocía la rueda ni se ayudaba de los animales en el manejo de cargas pesadas. Las piedras están talladas con tal perfección que no es posible introducir entre las juntas, en las que no ponían argamasa ninguna, una hoja de afeitar. Además todas son figuras irregulares que van casando unas con otras como en un gigantesco rompecabezas tridimensional. Los bloques, en ocasiones, pasan de las 5 toneladas. Algo verdaderamente sorprendente si tenemos en cuenta que sus instrumentos eran blandos, confeccionados en madera, bronce y latón (no conocían ni el hierro, ni el acero).

Hay partidarios de una teoría según la cual los Incas fueron ayudados por extraterrestres, quienes les habrían auxiliado, por una parte a cortar los bloques mediante tecnología láser, y por otra a colocarlos mediante mecanismos capaces de aprovechar la antigravedad. No parece probable, pero el misterio que rodea a este recinto, indudablemente sagrado, quedará oculto durante todavía mucho tiempo, protegido por los tules de niebla que se deslizan por sus despobladas calles al amanecer y al atardecer.

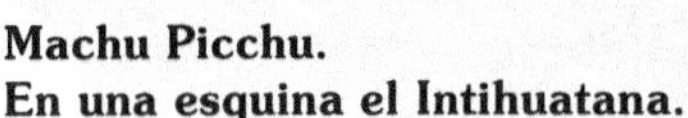

Machu Picchu.
En una esquina el Intihuatana.

La tribu de Mesa Verde

«Wakankan yan waon/we wekankan yan waon/we mah-
piya ta wakita ye/wakankan yaan waon/we mita sunke
ota yelo he.» «Sagrada es mi manera de vivir./He mirado
a los cielos./Sagrada es mi manera de vivir./Numerosos,
mis caballos.»

(Canción india. Bureau of American Ethnology Collection)

MUCHAS TEORÍAS TRATAN DE EXPLICAR de dónde vinieron los primeros americanos, aunque ninguna ha podido ser demostrada científicamente (Fenicios, Egipcios, Atlantes, etc.). Unos pocos vestigios nos permiten, al menos, conocer cómo se relacionaron con el entorno en la soledad de un continente vacío y hostil.

El ***Parque Nacional de Mesa Verde***, en Estados Unidos, Colorado, es un lugar sobrecogedor. Sus construcciones, encaramadas a la roca como si se tratara de colmenas, fueron abandonadas hace mucho tiempo por sus pobladores, los habitantes más antiguos del continente norteamericano, pero aún rondan por allí sus espíritus.

Ocupa una región conocida como «Las Cuatro Esquinas», que comprende territorios de Utah, Arizona y Nuevo México. Sus ciudades principales, Pueblo Bonito, con unas 650 casas, y Pueblo Alto se construyeron en el denominado Cañón del Chaco, unos 30 km. de largo. Fueron descubiertas a partir de 1897.

Si son ciertas las teorías que elaboró en 1810 Alexander Von Humboldt, las migraciones desde Asia a través del Estrecho de Behring y el archipiélago de las Aleutianas, se produjeron a la vez que las que tuvieron lugar entre África y Europa. Una lengua de tierra, Beringia, fue abandonada tras la regresión que concentró todo el agua en los glaciares del Wurmiense.

Las poblaciones de cazadores que cruzaron por este puente que desapareció con el recalentamiento posterior, viajaron en diferentes etapas desde Alaska a la Patagonia. Fueron los antepasados de quienes fueron civilizando aquellas tierras.

En las Montañas Rocosas floreció una misteriosa cultura entre el año 500 y el 1300 d.C.: los Anasazi (o sea, «antiguos» en Navajo). En los abrigos naturales de los farallones rocosos, construyeron sus sorprendentes ciudades, que abandonaron sin causa aparente (se cree que sus descendientes son los indios Pueblo y Hopo).

Dentro de ellas hay cámaras sagradas subterráneas destinadas a ceremonias llamadas kivas, de las que la más grande y estructurada es la conocida como «Casa Rinconada». Estos recintos eran los utilizados, lógicamente, por los sacerdotes en sus ceremonias.

A pesar de la distancia que las separa de otros lugares con las mismas características, aquí se desarrollaron también ritos relacionados con la luz. La magia solsticial se produce cuando el 21 de junio, la luz de la mañana penetra, dibujando un cuadrado sobre una pared, que asciende lentamente hasta iluminar un nicho de utilidad desconocida, pero a buen seguro, relacionado con las características sagradas del lugar.

Las construcciones de Mesa Verde, los indígenas norteamericanos.

Los peregrinos sobrenaturales

(CHONG SANGBYONG: *Alma.*)

LOS SIETE MIL ESCALONES que permiten ascender a la cima de la **MONTAÑA SAGRADA CHINA, T'AI-SHAN**, suenan discretamente con el roce de las sandalias de los miles de peregrinos que ascienden hasta el Templo del Emperador de Jade, 1.524 metros por encima del río Amarillo.

Estamos ante uno de los más importantes centros sagrados para los taoístas. Esta religión fue fundada por el filósofo Lao-Tsé (ap. 604 a.C.). Su libro sagrado es el Tao Tê-king (Libro de la Vía de la Virtud). Sus principios son: no hacer nada forzado (wu wei), o sea, algo antinatural, artificial; vivir de acuerdo con el Tao (Camino), una energía universal, inmanente e indescriptible que no puede concebirse con el pensamiento, y alcanzar la armonía mística mediante la unidad con el mismo Tao. El Budismo, sobre todo su rama Zen, se inspira en parte en estos principios.

La montaña de T'ai-Shan era el límite entre dos mundos: el de lo conocido y cotidiano, y el de lo mágico y oculto. Más allá vivían los magos que trataban de desentrañar los secretos de la Trascendencia. Uno de ellos fue el de alcanzar la «inmortalidad» mediante la transmutación alquímica (algunos emperadores murieron intoxicados tras ingerir compuestos de oro o de mercurio). Aquí es donde los dioses de la naturaleza encontraron el lugar preferido para que se les rindiera culto.

La leyenda sitúa su origen en los sacrificios ofrecidos al Cielo y la Tierra por parte del emperador Shun, dos mil años antes del

La puerta en lo alto de la montaña. Atrás quedan siete mil escalones que los peregrinos han tenido que sufrir en su ascensión sagrada.

nacimiento del cristianismo. El primer peregrino histórico fue Wu Ti, en el 110 a.C. A partir de este momento alcanza su máximo prestigio como lugar de peregrinación bajo la protección imperial. En 1736, Chien Lung consagró a la montaña un lápida de jade con poderes mágicos.

A lo largo de sus escaleras hay multitud de pequeños santuarios en donde los peregrinos de lo sobrenatural realizan ritos como quemar bienes, en especial dinero, con el fin de inclinar a su favor a los funcionarios del más allá.

Oriente siempre ha fascinado a los occidentales. Los misterios que encierran sus tierras recónditas, pobladas de espíritus a los que sirven extraños monjes que rezan permanentemente en monasterios solitarios, han sido un poderoso imán. Muchas personas han iniciado una peregrinación individual o colectiva hasta allí en busca del propio crecimiento espiritual. Por otra parte, sus montañas, las más altas del mundo, moradas de viejos dioses, significan el máximo reto para escaladores y montañeros.

En los años sesenta, además, en todo occidente surgió un novedoso e insólito fenómeno social. De pronto miles de jóvenes, buscando un modo de vida distinto, marcharon hacia Asia meridional en busca de la fuente de la sabiduría mística impartida por los gurús. Los «hippies», vestidos con atuendos poco convencionales, emprendieron el camino de **KATMANDÚ** buscando una ideal **SHAMBALA**.

La capital de Nepal está en medio de una llanura fértil a 1.340 metros de altura, donde el río sagrado Baghmati confluye con el Vishnumati. Su fundación, por parte del pueblo newar, data del año 723. En 1768 se convierte en capital de la etnia gurkha.

Su nombre significa «casa de madera», y es un gran museo donde podemos encontrar palacios, pagodas y estatuas por cualquier rincón. Un santuario singular es el Maju Deval, o «palacio de la diosa viviente» (Kumari-Devi). Se trata de una niña de 5 años que debe haber nacido obligatoriamente en una familia de orfebres o herreros. Su cuerpo no debe tener ni una sola imperfección. Será

220

elegida entre doce, si es capaz de permanecer sin temor en una siniestra habitación oscura en cuyo suelo cae la sangre de las cabezas de unos búfalos recién sacrificados. Después recibirá culto como encarnación de la diosa purificadora Kali. Al llegar a la pubertad perderá su condición divina. Durante su tiempo como diosa, no se le permitirá prácticamente hacer nada, excepto ser exhibida y venerada en un carro durante las fiestas del Indrajatra, con las que se celebran al término de los monzones.

Hay en aquel país otros edificios religiosos, como la «stupa» de Bodnat, o la pagoda de Machchendranath Bahal, un templo dedicado a Buda donde suenan perpetuamente los molinos de oraciones.

Katmandú se convirtió en el lugar de peregrinación de los nuevos movimientos espirituales. Sobre todo tras el interés que mostraron por estos grupos socialmente influyentes socialmente, como el conjunto musical británico The Beatles. La búsqueda de las fuentes de la sensibilidad y creencias orientales llevó a que ellos vinieran también en busca de Occidente. De hecho, en España tenemos un lamasterio budista en las montañas granadinas, con un lama español, Osel.

La importancia de Nepal reside en que es puerta de entrada a diversos reinos que han permanecido perdidos hasta hace muy pocos años. Según las leyendas, en alguno de ellos se esconde una mítica ciudad.

Buthan es un país misterioso, encajonado en los estrechos valles del Himalaya, en cuyas laderas cuelgan livianos los monasterios de los lamas o dzongs, que también cumplen funciones administrativas y civiles. El Mustang, reino prohibido hasta los años 50, tiene su acceso todavía restringido a muy pocas personas, debido al alto precio que cuesta la licencia para visitarlo. Pero es el Tíbet, por diversas razones, el que ha pasado a focalizar la moderna espiritualidad, a pesar de que sus principales líderes religiosos, como el Dalai Lama, están exiliados tras la ocupación del país por parte de China.

Varios factores contribuyen a la mistificación de esta región. En primer lugar, los libros escritos por Alexandra David Neel (Recuerdos de una parisina en el Tíbet, 1925 o Místicos y Magos del Tíbet, 1929, etc.). En ellos los occidentales pudieron conocer los misterios de los monasterios tibetanos y la vida y cultos que practicaban los lamas, además de sus extraordinarios poderes, como la capacidad de aligerar su peso, incluso de levitar (lung-gom).

Posteriormente la novela *Horizontes Perdidos*, de James Hilton (1930), revela la existencia en aquella montañas de un lugar mítico, Shangri-La. En aquel lugar en permanente primavera, se habían reunido una serie de personas elegidas procedente de todo el mundo. En la ficción literaria aparecen gobernados desde 1734 por un Dalai Lama occidental de extraordinaria longevidad, el capuchino François Perrault. De repente aparece allí el cónsul inglés en la India, Hugh Conway, con tres compañeros, tras un accidentado viaje en avión. Encontraron allí «una extraña y casi irreal aparición: un grupo de coloridos pabellones se agrupaban en la ladera de la montaña. Era soberbio y exquisito. Una contenida emoción llevaba la mirada desde los leves techos azules hasta la tremenda mole gris de la roca. Más allá, lo rodeaban los picos y pendientes nevados del Karakal». En aquel lugar idílico se preservaban los objetos simbólicos más importantes de la civilización de una futura destrucción.

En 1930 también se publica Shambhala, donde el ruso Nicholas Roerich, miembro de la Sociedad Teosófica, recoge viejas tradiciones budistas sobre un lugar llamado Chang Shambhala, residencia de sabios inmortales en armonía con el universo y la naturaleza. Esta ciudad sería equivalente a Sangri-La. Sin embargo, tras sus viajes al Tíbet, la única respuesta que obtuvo no fue satisfactoria. En 1928 se encontró con un lama que, interrogado sobre su existencia, contestó: «Es el poderoso reino de los cielos. No tiene nada que ver con nuestra tierra». Sus palabras no convencieron al espi-

La joven Alexandra David Neel fue la más impenitente viajera a través de los Himalayas.

ritista ruso. Pensó que en ellas se escondía alguna clave que permitiría en el futuro encontrar la mítica ciudad.

Sin embargo, falso o no, el libro que más influyó en la mitificación occidental del Tíbet fue *El Tercer Ojo*, del falso Tuesday Lobsang Rampa, publicado en 1956. Tras él se editaron otros veinte títulos en los que se narra la historia de un lama estudiante de medicina que, tras la invasión china sería recluido en campos de concentración japoneses y rusos. A los ocho años sufrió una operación en su cabeza, la apertura de un «tercer ojo», mediante «*una especie de lezna, pero hueca y con punta en forma de diminuta sierra*». A partir de ese momento podría levitar, contemplar el aura y realizar viajes astrales.

Según los investigadores, tras la personalidad de Rampa se ocultaba el hijo de un fontanero de la ciudad de Devon (Gran Bretaña), Cyril Henry Hoskin, que jamás estuvo en el Tíbet. Sin embargo, los relatos están bien construidos y en detalles, coinciden con las descripciones de otros autores, como, por ejemplo, el conocimiento del interior del Potala.

El Potala, centro espiritual del budismo tibetano, hoy en manos chinas.

Otro libro influyente fue *Siete años en el Tíbet*, de Heinrich Harrer, publicado en 1953. En él relata sus aventuras en el Himalaya. Cuando estaba escalando el Naga Parbat estalla la segunda guerra mundial. Los ingleses le capturan e internan en un campo de concentración de Cachemira. Posteriormente se escapa y huye hacia Lhasa, encontrándose en el camino con bandidos, peregrinos y hombres santos. Allí consiguió hacerse amigo del Dalai Lama.

Por último, la influencia que tuvo sobre la juventud en los años 60 la divulgación de la cultura, sobre todo la música hindú por parte del grupo británico The Beatles. Sus miembros buscaron la espiritualidad en las enseñanzas de Maharishi Mahesh Yogui. Uno de ellos, George Harrison, fallecido en los últimos meses del año 2001, dio numerosos conciertos con el músico hindú Ravi Sankar virtuoso del sitar.

Todas estas razones han convertido las rutas que conducen a esta región en una senda de peregrinaje espiritual semejante al europeo Camino de Santiago.

«La glicinia da sombra al recinto. A lo lejos un puente, los santuarios con sus linternas y la gente buscando alivio espiritual, se reflejan en los espejos de aguas azules como si fueran pequeños juguetes.»

(Visiones suscitadas por una acuarela del japonés HIROSHIGE:
Los paisajes del santuario Kameido Tenjin, 1856)

La mañana es fresca y la niebla que se desprende de los estanques se enreda entre las ramas de los arbustos de jardín. Un monje, con un gran rastrillo peina la grava que cubre un claro dibujando surcos que recuerdan olas marinas. Algunas piedras salpican su superficie como si fueran islas. Estamos en un **JARDÍN ZEN**.

Estos recintos mágicos fueron concebidos por los monjes de los templos budistas para ser contemplados en busca de una perfecta comprensión de la realidad. Son paisajes diminutos destinados a almacenarse en el subconsciente como una pintura en la que cada uno de los elementos refleja una parte de nuestro verdadero ser interior.

Sus elementos son los justos, no hay nada en ellos suntuoso ni superfluo. Todo está en perfecta armonía, no exenta de perfección estética.

El poder del jardín, en general, está en su capacidad de emular y recrear la armonía de la naturaleza, captando todas sus energías mediante formas geométricas simétricas y asimétricas. Por ello es necesario que cada elemento esté en el sitio exacto, tal y como establecen las misteriosas reglas del Feng Shui.

Los principales templos están en los alrededores de la ciudad de Kyoto. Sus nombres son muy sugerentes: el Monte de la Sabiduría; el Templo de la Luz tranquila; Shisendo, la casa de los Poetas-Eremitas. Aquí, desde una pequeña ventana redonda, pueden observarse las sombras que producen los astros cuando iluminan dos piedras situadas sobre una lámina de arena blanca finamente rastrillada. En el Ginkakuji, el Pabellón de Plata, se añade mica para que destelle ligeramente con la luz de la luna.

El Zen es una doctrina nacida en los primeros años del Budismo que retoma las enseñanzas del Taoísmo. Su práctica es el zazen, que significa simplemente «estar sentado». En esta posición empieza la meditación durante la que hay que olvidar lo aprendido y alcanzar el vacío interior mediante la concentración en el ritmo respiratorio.

A los jardines que rodean los templos acuden toda clase de peregrinos en busca del alivio de sus dolencias materiales y morales.

Jardín zen, Ryoanji, Japón

Lugares de Poder en España

Iglesia de la Vera Cruz, Segovia.

Todos los lugares por donde han transitado diversas culturas conservan restos que permiten conocer sus creencias, y cómo éstas dieron lugar a distintas manifestaciones arquitectónicas. (El santuario prehistórico, ¿hizo sagrada la tierra que ocupaba? o ¿fue la tierra quien hizo sagrado al santuario?). Algunos centros donde se desarrollaron cultos que interpretaron a su modo el carácter «especial» de un lugar han ido readaptándose paulatinamente hasta nuestros días. Posiblemente porque su poder es perfectamente reconocible allende el tiempo, lo que ha llevado a cambios superficiales, pero no esenciales. Incluso hay centros peregrinales muy famosos desde hace tiempo, donde pueden encontrarse restos de su pasado pagano.

En la Península Ibérica, al igual que George Dennis afirmaba hablando de Italia, la gente puede pasar todos los días ante un lugar sagrado y quedar indiferente. ¿Significa esto que ya no tiene ese poder atractivo? No, la gente simplemente asocia sus sensaciones de bienestar o malestar a la bondad del clima, la belleza del paisaje, o a la satisfacción que le produce la actividad que está realizando, sea caminar, montar en bicicleta, hacer turismo, cazar, pescar, pintar, recoger setas, espárragos...

Sin embargo, basta con que un día propicio su energía se manifieste más intensamente por circunstancias impredecibles, para que vuelva a suscitar el interés en qué sucede allí, aunque las interpretaciones de los fenómenos cambien.

Lo que en el pasado eran luces que indicaban la presencia de la Virgen, o de las «almas en pena», por ejemplo, hoy se interpretan desde la perspectiva de los objetos luminosos no identificados, que algunos asocian a naves extraterrestres, o ángeles modernos, que de repente han vuelto a la actualidad.

Vamos a visitar lugares muy famosos, donde la gente va a menudo, aunque a partir de aquí los vea con nuevos ojos, y otros que permanecen en lo local, en lo oculto, o en el olvido.

LOS CONOCIDOS

«Santa Helena ordenó derribar el templo y excavar en aquel lugar, en donde según la leyenda encontró tres cruces: la de Jesús y la de los dos ladrones. Para averiguar cuál de las tres era la cruz verdadera, la santa ordenó que le trajeran un hombre muerto. En cuanto lo pusieron sobre la Vera Cruz el hombre resucitó..»

(La leyenda dorada. Jacopo da Varazze)

SEGOVIA ES SIN DUDA UNA DE LAS CIUDADES MÁS MÁGICAS DEL MUNDO. No hay más que ir, aunque sólo sea por la concentración de monumentos por metro cuadrado que tiene, verdaderamente notable.

Desde los restos prerromanos hasta los romanos, famosos en todo el mundo (el Acueducto), hasta lugares de factura más moderna como el Parador de Turismo, el catálogo es abultado.

Pero quien tiene el palmarés, en cuanto al interés que suscita y el misterio que la rodea, es la **IGLESIA DE LA VERA CRUZ**, de la que se ha dicho de todo.

Mucha gente cree, y hay razones para ello que es un santuario mandando construir por los templarios, pero los furibundos enemigos del Temple y de la especulación, armados de las contundentes armas de la documentación, dicen que ¡NO!, que la hicieron los caballeros del Santo Sepulcro.

No importa mucho quien fue, pero atendiendo a canecillos (probablemente traídos de otras construcciones), a las marcas de cantero pero, sobre todo, a la estructura, si los *miles templi* no fueron, desde luego anduvieron cerca. Porque nadie que penetre en el interior de este lugar puede dudar que su factura busca sin disimulos crear un espacio más destinado a la iniciación que al culto. Y eso es algo que no cuadra en absoluto con los, por otra parte nobílisi-

El interior de la Vera Cruz indica que no es una iglesia sin más.

mos, caballeros del Santo Sepulcro, de los que no se conocen aventuras en estas cuestiones.

Este templo, de planta dodecagonal, con tres ábsides, responde a un modelo de edificio pensado, más como mecanismo, que como simple iglesia. Pero lo es. En sus tres ábsides hubo, y hay, altares dedicados al culto. Incluso en el edículo central, al que hay que subir por unas angostas escaleras, hay otro (en total cuatro altares). Pero los tres primeros son normales, y este último no lo es, porque es el corazón del mecanismo.

Quienes diseñaron este lugar no querían hacer un templo más, sino el templo del esoterismo, eso es evidente. Se inspiraron, puede ser, del Santo Sepulcro de Jersusalén, pero no era su principal afán, sino crear una puerta en la que consagrar el paso de la ignorancia al conocimiento.

El edículo central, que en sí mismo es ya un símbolo, tiene tres espacios diferenciados. El inferior es una cripta con cuatro puertas, el eje energético del santuario, alrededor del cual gira esta especie de gran acumulador espiritual. Su función es ceremonial. Aquí, el aspirante, tumbado sobre el suelo y en contacto con el poder y los secretos de la Tierra, meditaba sobre el paso que iba a dar en su crecimiento espiritual poco más tarde.

Una de las entradas a la parte inferior del edículo, la cripta.

Porque encima está la sala de iniciación, una cúpula octogonal curiosamente nervada, en la que luego recibiría su confirmación como caballero al servicio de Dios y de los hombres: «*Non nobis, Domine, non nobis, Domine, non nobis, sed nomine tuo da gloriam (nada para nosotros, Señor, nada para nosotros, sino para la gloria de tu nombre)*». El gran maestre, acompañado de otros caballeros, como aquellos de la Mesa Redonda, aceptarían al nuevo, y certificarían su cambio de condición. Una ceremonia secreta de cuyos pormenores no sabemos mucho..., o nada, realmente.

Luego, ascendería por una pequeña escalera de madera hasta un portillo, que da a la cámara de la linterna, donde velaría sus armas espirituales en un recinto secreto e innacesible para la mayor parte de los humanos.

Los cánticos ceremoniales, difundidos armónicamente por la prodigiosa acústica de este lugar, servirían tambien al efecto. El arquitecto lo hizo con un propósito bien definido, unir la geometría y a las enseñanzas del Supremo Arquitecto del Universo, para mejor actuar en su servicio y alabanza.

Dos canecillos significativos. A la izquierda, un diablo andrógino. A la derecha una cabeza barbada. En medio rosas y plantas. Imposible relacionarlos con los caballeros del Santo Sepulcro. Su filiación es inequívocamente templaria. Para quien lo quiera ver.

Es muy difícil la labor de desmitificar este santuario. Nadie que haya estado allí puede retraerse a su aura mágico-templaria. Sobre todo porque en la bula que certifica como auténtica la reliquia de la Vera Cruz que le da su nombre, dice: «... *Honorio III, siervo de los siervos, de Dios, tomó un fracmento del brazo derecho de la Cruz del Salvador del que formó dos cruces de la misma dimensión, y juntas la una sobre la otra en forma de cruz patriarcal, las cerró en otra de oro primorosamente cincelada, al estilo gótico y adornada de muchas piedras preciosas, la cual para que perpetuasen su culto y en ella como en un glorioso estandarte prestasen juramento los Caballeros Templarios al tiempo de ser admitidos en la Orden; la regaló y dió a la iglesia del Santo Sepulcro del Señor que está situada al septentrión de la ciudad de Segovia... Roma a 13 de mayo de 1224.*» Hoy pertenece a la Orden de Malta.

«Cono aiutorio de nuestro dueno dueno Christo, dueno salbatore, qual dueno get ena honore et qual duenno tienet ela mandatione cono patre cono spiritu sancto enos sieculos delo sieculos. Facamos Deus Omnipotes tal serbitio fere ke denante ela sua face gaudioso segamus. Amen.»

(Unas de las primeras palabras en castellano pertenecientes a una *glosa*.
Códice Emilianense, núm 60, página 72)

«Izioqui dugu» «guec ajutu ez dugu»

(Las primeras palabras impresas en euskera: «lo hemos solicitado ardientemente» o «nosotros no nos arrojamos». *Glosas emilianenses y silenses, 31 y 42*)

Una de las montañas riojanas tiene forma de *cucullam*, capucha. Sus laderas están cubiertas de bosques que ocultan numerosas cuevas. Aprovechándose de las existentes en un lugar recóndito y paradisíaco, Emilian, un anacoreta hispano-romano (muerto en el año 574) decidió fundar un eremitorio, donde se recogió con sus discípulos Aselo, Sofronio, Geroncio, Citonato, Potamia y Oria. Este lugar pasó por diversas etapas. Primero fue cenobio visigótico y luego monasterio mozárabe y románico. El actual edificio muestra las restauraciones realizadas entre los siglos XVI y el XVIII. Su nombre es **MONASTERIO DE SUSO,** cerca del pueblo donde nació la lengua castellana, San Millán de la Cogolla.

Estamos en un templo de silencio, luz y oración donde aparecieron impresos los primeros textos en euskera, que ya conocemos. Aquí reposan las reliquias de San Felices y de San Emilio, y la luz que, tamizada por la niebla, se cuela por entre las columnas de su atrio, ilumina las tumbas de los Siete Infantes de Lara y de las tres reinas de Navarra, Toda, Elvira y Jimena.

La leyenda cuenta como durante la boda de un familiar, uno de los infantes acabó accidentalmente con la vida de un primo de la novia. Su marido, Ruy Velázquez, para vengarse, les traiciona ofreciendo su vida a Almanzor, quien les apresa y corta la cabeza.

En principio, los restos de San Millán debían ser enviados en el siglo XI, según órdenes del rey García Sánchez, al nuevo monasterio de Santa María la Real de Nájera. El traslado debía ser realizado por un carro tirado por dos bueyes. Éstos, al llegar al valle, se negaron a andar, sin que nadie fuera capaz de ponerlos en marcha. Entonces, el monarca, viendo en este hecho una señal divina, mandó edificar allí un segundo monasterio, el de Yuso (el «de abajo» –*deorsum*–), para diferenciarlo del de Suso (el «de arriba», –*sursum*–).

El monasterio de Suso, en San Millán de la Cogolla, cuna de la lengua castellana. A la derecha: sepulcro de San Millán.

Este nuevo edificio, al que llaman el Escorial de la Rioja, es templo, biblioteca de arte y, sobre todo, de prepolifonía medieval. Desde un púlpito de nogal hecho a finales del siglo XVI, primorosamente modelado por una de las mejoras gubias de la época, se pueden contemplar las arquetas de oro y marfil, de finales del siglo XI, que contienen los restos de San Millán y que representan los milagros realizados por el santo, según cuenta su biógrafo San Braulio. Sus paredes sirven también de soporte para veintidos cuadros de Juan Rizzi, uno de los mejores pintores claustrales españoles. Especialmente importantes son dos cartulanos únicos en el mundo (*Galicano* y *Bulario*). En su biblioteca, a la que se le ha privado intencionadamente de luz eléctrica, se puede leer el *Casuum de Bartholomeus de Sancto Concordio*, un incunable perfectamente conservado, publicado antes del año 1475, del que sólo existen en el mundo cinco ejemplares. Pero el mayor tesoro de Yuso, son sus *Cantorales*, veintinueve libros, cada uno de los cuales pesa más de 100 kilos (se mueven con una especie de grúas, para trasladarlos hasta el gran facistol del coro). En ellos pueden verse antiguas partituras medievales.

Sin embargo, es bajo los arcos mozárabes de *Suso*, que reparten una misteriosa y tenue luz por sus altares y capillas, donde resuenan los ecos del pasado. Aquí parece que estemos escuchando el sereno canto de los primeros monjes, al que parece estar atento la estatua funeraria del mismo San Millán.

A veces, magia significa belleza, y también ensoñación…, aromas que recuerdan lugares intemporales donde lo sagrado viene del simple rumor del agua que gota a gota se desliza desde las montañas, los tejados o fluye desde las fuentes hasta llenar estanques de mármol. Toda Granada es una piel que tiembla a veces, emocionada quizá ante la armonía, a veces sublime, celestial, e incluso insoportable, de algunos de sus propios rincones, sobre todo dos: la **ALHAMBRA** y el **GENERALIFE**.

El Darro, desde la Torre de Comares, no es sino un arroyo que busca tímidamente el camino de poniente, donde el Genil recoge sus aguas para llevarlas al mar. Desde el Salón de Embajadores no se ve, pero hay otras cosas interesantes. La luz entra desde un patio donde doce estáticos leones soportan una fuente rumorosa que susurra bajo el sol andaluz. Unos tejadillos casi levitando sobre columnas finísimas que parece que van a partirse con el próximo suspiro de la Tierra (el siguiente terremoto), son los umbrales por los que se accede a otras salas. La de las Dos Hermanas cautivas, que murieron allí de amor y dejaron su espíritu flotando entre los grafismos árabes que ensalzan al altísimo: *«Alá es grande, no hay otro Dios que Alá, Mahoma es su profeta»*. La de los príncipes Abencerrajes, donde pasean aún sus fantasmas. Al oeste la de los Mocárabes, orfebrería de estalactitas. Este patio simboliza el paraíso sostenido por un bosque de palmeras (sus ciento veinticuatro

Cúpula de *mocárabes* en La Alhambra de Granada. *Sala de las dos hermanas cautivas.*

columnas) tan delicadas como los brazos de las mujeres que pasearon por sus rincones.

Los monarcas nazaríes construyeron este sueño digno de cualquier cuento oriental en *al-Sabika*, la colina sagrada donde se asienta la *alcazaba* construida por Muhammad I (1237-1273), y que encierra los recintos de la **ALHAMBRA** (*al-Hamrá* significa «el rojo», el color de los ladrillos hechos con arcilla de la propia colina).

Al-Sabikka, o *Assabika*, tiene una estructura geológica muy especial. Los minerales más abundantes en ella son hierro, plomo y oro –Darro viene de *dauro*, oro en latín–. La elección del asentamiento no fue casual.

Estamos en un edificio asimétrico. Sus volúmenes, a pesar de su distribución aparentemente anárquica, tienen una extraordinaria armonía espacial. Se accede a él por el *Mexuar*, o Salón de Justicia, seguido de un rincón casi imposible, el patio del Cuarto Dorado. Tras él, se abre un verdadero santuario del agua, el patio de los Arrayanes o de la Alberca, con su gran estanque alimentado

239

por dos piletas. En el se reflejan los siete arcos sobre los que se eleva la Torre de Comares, y que dan acceso al Salón del Trono, la estancia mayor de la Alhambra.

Las torres y palacios se unen mediante discretas galerías que cruzan numerosos patios silenciosos y umbríos, donde sólo turba la paz el vuelo de los pájaros.

Carlos V construyó allí un palacio de dos plantas, con un patio circular. Quizá en aquel lugar comprendió que su vida debería terminar en el Monasterio de Yuste, un sitio tan sagrado y armónico como éste, santuario de un Dios que, en el fondo, simplemente cambia de nombre.

En la parte superior de la colina, y poco más abajo de la llamada «Silla del Moro», se encuentra el **GENERALIFE**, (de alarifes, arquitectos). Es un jardín de recreo, pero también un recinto dedicado a

Los jardines del Generalife, con su perpetuo rumor de los arcos de agua que caen sobre los estanques.

la naturaleza. Allí todo está pensado para ofrecer los placeres más serenos a los sentidos. Casi no tiene construcciones, pero son suficientes como para crear rincones mágicos, donde la luz se mezcla con la sombra, el sonido del agua y el aroma de las plantas, para introducir al visitante en un verdadero sueño del que prefiere no despertar. En el Jardín de la Acequia, sobre el largo y poco profundos estanque, cruzan los arcos formados por los cantarines chorros de agua que lanzan hacia el cielo multitud de surtidores (una metáfora de las plegarias que el creyente dirige al cielo, y le son devueltas en forma de bienes, porque el agua para los musulmanes es un preciado tesoro).

«Alfonso VI, antes de conquistar Toledo, visitó los palacios de Galiana y, dando paseos por el patio se le vio en compañía del fantasma de Abenzaide, que le sugirió cómo conquistar la ciudad... Ésta fue la venganza de Abenzaide, Gobernador de Wadi-l-hiyara»

(*Leyendas de Toledo*. www.leyendasdetoledo.com)

Una calima pastosa lo envuelve todo. Las casas, los árboles,... el río quedan desdibujados dentro de una bruma terrosa. Parece una acuarela donde todo está sugerido, donde la transición entre colores ocres casi no existe. El automóvil va avanzando hacia una mancha difusa que se oscurece y crece hasta ocupar todo el cristal. Un instante de oscuridad y de nuevo la misma luz difuminada. Acabamos de cruzar la Puerta de Bisagra. Estamos en una de las ciudades más bellas del mundo: **TOLEDO**.

Los celtas encontraron el lugar ideal para construir un poblado casi inexpugnable aprovechando un meandro del río Tajo. El agua rodea casi por completo una colina para cuya defensa sólo era necesario construir una muralla. Sin embargo los romanos la tomaron en el 193 a.C., y la denominaron *Toletum*. Los visigodos, 100.000 hombres de guerra «sitiados por sus propios súbditos», a decir de Fernando García de Gortázar, establecieron aquí su capital desde el año 534 al 712 d.C. Aquí se celebraron Concilios en los años 397-400 (I), 527 (II), 589 (III), 597, 610, 633 (IV), 636 (V), 638 (VI), 646 (VII), 653 (VIII), 675 (XI), 681 (XII), 683 (XIII), 684 (XIV), 688 (XV), 693 (XVI), 694 (XVII) y 702 (XVIII). Aún resuenan sus voces antiguas en el interior de la Iglesia de San Román, o «de los Concilios), museo de la cultura visigoda, heredera de la simbología celta. Sus frescos románicos, de una sencillez casi pueril –podrían haber inspirado el cubismo– custodian parte del Tesoro de Guarrazar. También resuenan sus ecos en la Ermita del Cristo de la Vega (la Basílica de Santa Leocadia), donde cuenta la leyenda que la imagen de Jesús fue testigo de excepción en un juicio (*A buen juez mejor testigo*. José Zorrilla).

Los musulmanes la ocuparon durante poco tiempo, de 1035 a 1085, cuando Alfonso VI la incorporó al reino de Castilla, de la que fue su capital entre el 1087 y el 1560.

Coincidió con el románico (siglos XII y XIII), la época en que Toledo fue la capital cultural del mundo, gobernando Alfonso X «el Sabio». Allí convivieron en buena armonía las tres culturas monoteístas, cristianos, musulmanes y judíos. Para los últimos fue la segunda Jerusalén: Sefarad, y a partir de entonces pasaron a llamarse sefarditas o askenazíes. Desgraciadamente fueron expulsados definitivamente en el año 1497. Fernando el Católico prefirió la unidad de la fe a enriquecer su reino conservando un gran tesoro cultural, del que por lo menos nos queda la mística música sefardí.

En la Escuela de Traductores de Toledo (1252-1584) comenzó a superarse el oscurantismo medieval, cuando un grupo de estudiosos de las tres culturas mencionadas rescataron los viejos textos griegos de matemáticas, medicina, botánica, astrología, alquimia,

Toledo, bañado por el Tajo, desde la ronda de circunvalación, que ofrece sus mejores vistas panorámicas.

magia y otros muchos viejos saberes. Fueron quizá los primeros científicos.

Esta ciudad es una de las que pueden atribuirse el título de mágica o sagrada con méritos propios. Caminando por sus callejuelas estrechas, donde prácticamente no llega la luz del sol, podemos encontrarnos todas las sorpresas: las sinagogas del Tránsito y de Santa María la Blanca, que luego fueran iglesias, y ahora nos permiten conocer la cultura judeo-española medieval. Otros edificios transformados por los cristianos fueron las mezquitas que hoy son Santo Tomé (donde se puede admirar el cuadro El Entierro del conde de Orgaz) o el Cristo de la Luz. En el Convento de Santo Domingo el antiguo reposan los restos de «El Greco», bajo sus pinturas alucinadas.

243

Cuando se cruza la plaza del Zocodover, construida en el siglo VII y reconstruida después por los musulmanes, se percibe un cierto estremecimiento, quizá sea porque fue este sitio donde la Inquisición ejecutó a cientos de personas y aún vagan por él sus almas.

La catedral de Toledo es gótica. Su construcción empezó en el año 1226, sobre los restos de la mezquita Mayor, y terminó en el año 1493. En su interior hay gran número de capillas que sumadas a la nave central constituyen una caja de resonancia donde cualquier sonido se multiplica indefinidamente para crear un ambiente sonoro sublime y peculiar, que junto a la luz que proviene de sus maravillosas vidrieras polícromas, puede conducir a cualquier visitante, a poca sensibilidad que tenga, a un estado de conciencia más elevado. Sobre todo cuando llegue al lugar conocido como «El Transparente», una ventana desde donde se derrama la luz toledana sobre una sinfonía de mármoles que podría muy bien considerarse una réplica del propio paraíso. Sus ojos también podrán contemplar la impresionante Custodia de Juan de Arfe, la Capilla Mozárabe, y el sepulcro de Don Álvaro de Luna.

**Transparente en el ábside-deambulatorio de la catedral de Toledo.
Obra de Narciso Tomé.**

El lugar más idóneo para contemplar esta ciudad mágica, que por supuesto pertenece al Patrimonio de la Humanidad, es desde la vega del río Tajo, donde están los actuales Palacios de la Galiana, una especie de réplica del Generalife granadino. En el silencio de sus patios recoletos puede escucharse una especie de rumor telúrico casi inaudible. Es el sonido de la energía que se mezcla con el poder del agua del río se transmuta alquímicamente en esta poderosa urbe castellana.

> *«El descubrimiento de las reliquias más importantes de la cristiandad debía venir siempre precedido por la aparición de extrañas luces...» «Y fue al acercarse cuando comprobaron que esa luz irradiaba de lo que parecía ser una estrella.»*
>
> (JAVIER SIERRA y JESÚS CALLEJO: *La España Extraña*.)

En el hemisferio norte, en las noches de verano, el cielo parece como si estuviera cruzado de parte a parte por un río de luz tenue, casi imperceptible. Parte el firmamento en dos y parece indicar la ruta que en tierra tienen que seguir los peregrinos en busca del *finis terrae*, donde mueren todos los caminos. Desde la antigüedad se conoce con el nombre de **VÍA LÁCTEA** o **CAMINO DE SANTIAGO**.

Según la tradición, los restos del apóstol Santiago el Mayor, hermano de Juan (hijos del Zebedeo, pescador del Tiberíades), descansan en España, en Compostela. Bajo su advocación se eleva uno de los santuarios más sagrados de la cristiandad.

En el año 813 (o quizá el 14), un pastor llamado Pelagio, observó como una extraña luz se posaba sobre un campo. Se dirigió hacia él, y allí descubrió un enterramiento, donde yacía un cadáver decapitado. El obispo de Iria Flavia, Teodomiro, siguiendo una inspiración divina afirmó que eran los restos del apóstol, muerto y martirizado en Judea en el año 44 de la era cristiana. Según él, para que no los profanaran los bárbaros, habrían sido trasladados a la península y escondidos en esta tumba. Llamaron al lugar Compostela, seguramente haciendo referencia a los *compositum tellus* (cementerios) romanos. Alfonso II «el Casto» los depositó en un sarcófago dentro de una cripta, y construyó allí un primer santuario. A partir de ese momento comienza una historia fascinante en que Santiago se aparece continuamente, unas veces ayudando a los peregrinos, y otras auxiliando a las tropas cristianas que batallaban contra los musulmanes. Se hace famosa una frase mágica como símbolo y arenga para la batalla: «Santiago y cierra España».

En el siglo XII Diego Gelmírez, arzobispo de Compostela y gobernador de Galicia, sustituye el santuario primitivo por una impresionante catedral románica, a la que se accede atravesando el Pórtico de la Gloria, construido en 20 años por alguien desconocido llamado Maestro Mateo. En su parteluz, que representa al Árbol de Jessé, Santiago el Mayor apoya su sencillo bordón.

Alfonso II lo puso en conocimiento de Carlomagno. A partir de entonces los peregrinos empezarían a llegar a Compostela de todas partes, siguiendo el camino que la luz traza en el cielo nocturno. Es un camino incómodo y difícil donde hacer penitencia, en busca de la salvación. Los lobos y los bandidos les acechan y muchos mueren de frío, de hambre o son asesinados. Los monjes cistercienses y un eremita de los bosques riojanos, Santo Domingo de la Calzada (el «Abraham de La Rioja», muerto en el año 1109), asumen la tarea de dotar a la ruta de hospitales, albergues, monasterios, capillas y otros lugares de descanso. Así nace el sagrado Camino Jacobeo, ruta que une Tierra Santa con Roma y Santiago de Compostela, los tres centros de peregrinaje de la cristiandad. El camino peregrinal pasa por Puy, Vézelay o Arlés y cruza los Pirineos por Roncesvalles (Navarra) o Canfranc (Aragón). Los peregrinos se reconocen mediante un uniforme sencillo que consta de: capa y gorro de piel de cabra, donde sujetan veneras (conchas de vieira),

Catedral de Santiago de Compostela. Fachada del Obradoiro.

y un bordón del que cuelga una calabaza para llevar agua. Ésta es la ruta principal en la que confluyen los Mil Caminos de Santiago, el eje central alrededor del cual se desarrollaron en España los estilos arquitectónicos románico y gótico.

Esta inmensa red de rutas, además de ser santificada por la fe y el fervor de los miles de peregrinos que las han transitado, es el nexo que une gran cantidad de lugares mágicos y sagrados conocidos desde la antigüedad. No es de extrañar por tanto que nos encontremos ante La Gran Ruta Sagrada del Mundo. Su persistencia en el tiempo podría considerarse como una prueba de esto.

En *Gargoris y Habidis*, Fernando Sánchez Dragó disiente de la versión oficial, afirmando que, realmente quien está enterrado en Compostela es Prisciliano, un hereje que llegó a ser fugaz obispo de Ávila, que murió decapitado en el año 385 en Tréveris. El historiador heterodoxo Juan García Atienza afirma que el culto al apóstol empezó tras llegar los restos de este hombre a Galicia. El priscilianismo es una doctrina que recomendaba el ayuno, la vida comunitaria, el amor libre, la libertad de interpretación de los textos sagrados, la práctica de la magia blanca y el uso de sustancias alucinógenas para «mejor ponerse en contacto con Dios» (*Ib*. Sierra y Callejo) 1.500 años tras la muerte del hereje, en 1885, G. Schepps, halló unos documentos agrupados con un título genérico «*incerti auctoris opuscula patristica*» que contenía los *Tratados de Prisciliano*.

Santiago Apóstol, vestido de peregrino.

El monasterio de San Francisco, uno de los peregrinos ilustres que fueron a Compostela. A su lado, un *cruceiro* muy elaborado.

Sospechosamente, según la anteriormente mencionada geobióloga alemana Blanche Mertz, la Catedral de Santiago ocupa uno de los lugares telúricamente más potentes del mundo, alcanzando en algunos puntos una intensidad de casi 21.000 unidades bovis. Especialmente sucede en la vertical de la cripta en la que está enterrado el Santo, donde el peregrino abraza su imagen por la espalda. Toda esta energía es capaz de elevar el nivel de consciencia de cualquiera que entre allí, y se suma a la impregnada en la propia piedra por los peregrinos que han dejado las huellas de sus dedos esculpidas en la imagen del Apóstol que ocupa el centro místico del Pórtico de la Gloria. Esta circunstancia se repite en la mayor parte de los santuarios.

Carlos V, antes de retirarse al monasterio de Yuste, encargó a su hijo Felipe II que construyese un santuario para perpetuar su memoria. Réplica del Templo de Jerusalén, el **MONASTERIO DE EL ESCORIAL**, considerado como la «octava maravilla del mundo», es uno de los edificios sagrados más singulares construidos después de la Edad Media. Bajo su altar mayor descansan los restos de los miembros de la familia real española.

Está dedicado a San Lorenzo, al que se le atribuye haber sido martirizado en una parrilla. El hagiógrafo Donald Atwater desmiente esta versión afirmando que fue decapitado con los «siete diáconos de Roma». La leyenda fue construida por el poeta Prudencio y San Ambrosio. Sin embargo toda la iconografía lo representa de este modo. En algunos círculos se especula con la posibilidad de que lo de la parrilla tenga que ver con alguna operación alquímica, tan de moda en el Renacimiento. Su fiesta se celebra el día 10 de agosto, fecha de la victoria conseguida en la batalla de San Quintín en 1557.

Lo primero que llama la atención de este impresionante edificio, cuyas obras comenzaron en el año 1563, son sus dos mil seiscientas ventanas enrejadas, así como las cuatro torres de 55 metros de altura. Corona la construcción una enorme cúpula sobre tambor, conocida como el Cimborrio, rematado por una linterna que se eleva hasta los 92 metros, por cuyas ocho ventanas desciende la luz que ilumina discretamente la Basílica. Dos torres gemelas de 72 metros albergan en su interior el reloj, las campanas de uso habitual y el carrillón.

Fue diseñado por el arquitecto Juan Bautista de Toledo, discípulo de Miguel Angel, y supervisado por el propio Felipe II, un rey tecnócrata al que no se le pasaba el más mínimo detalle. En principio estaba destinado a albergar 50 monjes pero, quiso el monarca duplicar su número, así que se añadió una nueva planta, con lo que el edificio ganó en dignidad y solidez, acentuadas por su austeridad y carencia de ornamentación. Oficialmente, a su muerte (1567) le sucedió Juan de Herrera, aunque realmente la responsabilidad de su acabado fue del obrero mayor Fray Antonio de Villacastín.

Está rodeado por la Lonja, una gran explanada cerrada por una valla con nueve pasos adornados con esferas sobre acróteras. De ellas parten sendos caminos de losas de granito que conducen a las puertas. Por debajo fue excavada una galería conocida como «La Mina» por la que transitaban caballeros y monjes a salvo del frío y las nevadas hasta los edificios colindantes destinados a los servicios del Monasterio, conocidos como Casa del Infante, Ministerios, de Oficios, de la Reina y de la Compaña. Otra galería une, sobre arcos de medio punto, el edificio que hacía las veces de hospital y la Universidad, donde actualmente se imparte derecho y teología.

El Patio de Reyes es el atrio de proporciones perfectas que da acceso a la Basílica, donde cuatro medias columnas de gran tamaño sostienen un friso desde el que nos vigilan atentamente varios

Los reyes bíblicos que tuvieron que ver con el Templo de Salomón.

personajes bíblicos: Josafat, Ezequías, David, Salomón, Josías y Manasés.

La basílica es un recinto místico presidido por un inmenso retablo donde pueden contemplarse escenas de la vida de Jesucristo bajo los techos, pintados por Lucas Jordán y Lucca Cambiasso. Representan diversas escenas, como la Resurrección de la Carne o la Ascensión de la Virgen. En los oratorios situados a ambos lados, en bronce dorado al fuego, están las estatuas de Felipe II y Carlos V acompañados de sus familias en actitud piadosa, obra primorosa de Pompeo Leoni.

Sobre el Altar Mayor hay un sagrario en forma de cúpula ricamente ornamentado, en el que arde permanentemente la luz que indica que en su interior hay formas consagradas.

Muchas reliquias han ido amontonándose a lo largo del tiempo en unas pequeñas naves situadas en los laterales, cerradas por dos grandes dípticos que representan a San Jerónimo y la Anunciación. En otros cuarenta y tres pequeños altares podemos contemplar una serie de retablos donde casi siempre figuran dos personas, ya sean santos o mártires, consagrando el mismo principio de dualidad presente en la filosofía de los caballeros templarios (San Pedro y San Pablo o Santa Marta y Santa María Magdalena).

La Sagrada Forma de Claudio Coello se encuentra en la sacristía. Representa a Carlos II adorando una de las reliquias con leyenda sobrenatural: La Hostia de los Tres Clavos. En tiempos de la herejía de Zuinglio, en la ciudad de Garcum, se profanaban frecuentemente los templos. Una forma consagrada cayó al suelo y fue pisoteada. De las tres incisiones producidas por los clavos de la bota, manó sangre. Tras distintas peripecias llegó a manos del rey Felipe.

Bajando unas escalerillas se accede a la parte inferior del Altar Mayor, donde se encuentra el Panteón Real. En él descansan los restos de varios reyes de España y de las reinas que fueron

La Sagrada Forma, de Claudio Coello. Un cuadro invisible la mayor parte del año.

Los santos siempre aparecen por parejas. En este además, la cruz de San Andrés parece querer señalar el eje del edificio.

madres de reyes. El Panteón de Infantes, donde están enterrados otros miembros de la familia real, está en unas naves por las que se sale al sereno y austero Jardín de los Frailes.

En su Biblioteca se pueden encontrar obras de valor incalculable, compendio de todos los conocimientos alcanzados hasta entonces. Sus techos están decorados con La Filosofía, simbolizada por la Escuela de Atenas, y La Teología, por el Concilio de Nicea, pintadas por Bartolomé Carducci. Peregrin Tebaldi, inspirado por Fray José de Sigüenza, pintó en las divisiones de la bóveda las artes literales: Gramática, Retórica, Dialéctica, Aritmética, Música, Geometría y Astronomía, así como partes del Trivium y el Cuadrivium medievales. Presidiendo la sala están los doctores de la Iglesia, San Jerónimo, San Agustín, San Gregorio y San Ambrosio. También hay sitio para los cuatro grandes sabios de la antigüedad: Sócrates, Platón, Aristóteles y Séneca.

Fue organizada por el heterodoxo Benito Arias Montano, humanista, naturalista, experto en lenguas orientales y seguramente alquimista, aparte de estudioso de gramática, retórica y filosofía. Fue acusado de hebraizante por León de Castro, profesor de

254

Salamanca (donde también fuera acusado Fray Luis de León), aunque no fue condenado por la Inquisición.

Durante 1565 clasificó unos cuatro mil manuscritos e impresos, entre los donados por el Rey, los procedentes de la Capilla Real de Granada y otras bibliotecas. Entre ellos tienen especial importancia las *Cantigas a Santa María*, *El Libro de los Juegos y El Lapidario*, escritos por Alfonso X «el Sabio», que estaban en la Cámara Regia de los Reyes de Castilla; distintas obras de Raimundo Lulio y ciento treinta y

La conjunción astral del monasterio, pintada en el techo de la Biblioteca.

nueve libros prohibidos por la Inquisición. El mismo Arias Montano donó doscientos seis, incluyendo setenta y dos manuscritos hebreos. En principio fueron aproximadamente diez mil volúmenes. Sus sucesores fueron Fray Juan de San Jerónimo y posteriormente el padre José Sigüenza. En 1609 se añadieron cuatro mil manuscritos árabes que habían pertenecido al Sultán Muley Zidán, capturados en las costas de Berbería por Pedro de Lara. En el incendio de 1671 se quemaron otros tantos, a los que hay que añadir los que destruyeron y robaron las tropas francesas durante los saqueos de 1808 y los que desaparecieron en la guerra civil.

De todos ellos, hoy día pueden contemplarse los códices mozárabes *Albendense* y *Emilianense*, escritos en el siglo X en San Millán de la Cogolla, otro lugar de poder; los *Comentarios de San Beato de Liébana al Apocalipsis de San Juan*, del siglo XI; la *Crónica Troyana*, perteneciente a Pedro I «el Cruel». De la época renacentista se conservan el *Códice Virgiliano* o *Eneida*; el *Libro de los Dibujos*, del siglo XVI, escrito por Francisco de Holanda; el *Códice Aúreo* o *Evangelios*, iluminado en Alemania en el siglo XI, en el *Monasterio de Reichenau*; los *Libros de Horas* y los *Códices Bizantinos*; muchos manuscritos árabes y un *Corán* decorado que perteneció al mencionado Muley Zidán.

La Biblioteca es el templo del silencio y de la serenidad, el recinto en el que coinciden la red energética de la Tierra, la fuerza espiritual del edificio y el poder de la luz que carga positivamente sus estantes y vitrinas que custodian la sabiduría de los siglos.

La influencia del agua en este edificio puede comprobarse en el Jardín de los Frailes, desde donde contemplamos el maravilloso estanque, alimentado con las aguas que circulan por la capa freática sobre la que está asentado. Es un espejo en el que se reflejan los montes recortados contra el ocaso, donde la piedra no elaborada nos muestra su magia adoptando las formas más caprichosas que, como veremos, dieron origen a los cultos que han sacralizado este enclave. El discreto rumor de sus escondidas fuentes nos envuelve poco a poco en una atmósfera mística, etérea, irreal.

El emplazamiento del monasterio fue elegido por el propio Felipe II, tras consultar a diversos expertos en distintas disciplinas, como zahoríes, médicos, filósofos y arquitectos. Surgieron varias alternativas, aunque ninguna reunía las condiciones adecuadas para su construcción. Por fin, eligió una finca rodeada por una valla de 47 kilómetros que había adquirido en 1543 a los herederos de Juan García San Román de Porras, alcalde de Segovia, en la que se conservaban las huellas de cultos practicados en otras épocas.

El relato de su hallazgo es extraordinario: «... *mandó buscar sitio conveniente para la grandeza que en su real pecho tenía concebida, poniendo en ello hombres sabios, filósofos y arquitectos y canteros experimentados en el arte de edificar, para examinar en el dicho sitio la sanidad, la abundancia de aguas y aires y los pastos naturales del sitio, conforme a la doctrina de Vitrubio, los cuales anduvieron por muchas partes, especialmente por el Real de Manzanares, andando por los valles, altos y llanos de una parte a otra, y no hallaron cosa que les contentase. Después vinieron al lugar de la Fresneda... Pasaron a la Alberquilla... Y desde la Alberquilla volvieron el rostro hacia el norte, y se fueron por la raíz del monte donde hallaron una muy principal fuente que tenía dos veneros que se llamaba la fuente de Blasco Sancho, junto a un cerrito donde pasa el camino que va a San Juan de Malagón, hermita bien conoscida de toda la tierra, y hallaron el puesto cual ellos buscaban en las condiciones y cualidades necesarias.*» (Fray Juan de San Jerónimo).

Corría por allí la tradición de que había una mina de hierro llamada la Boca del Infierno, por la que el maligno solía salir. Alguien debió decir –quizá el rey– en tono medio en broma: «*Tapémosla pues*». Además hubo otro hecho fortuito que interpretaron como la resistencia del «maligno»: un fuerte vendaval que, «*no les dejaba llegar hasta el sitio, y arrancó las bardas de la pared de una viñuela, arrojándolas sobre sus rostros(...)De este viento, despertado tan de repente en esta ocasión, han conjeturado algunos, con no poco fundamento, cuánto le ha pesado al demonio de que se levantase una fábrica donde, como de un alcázar fuerte, se le había de hacer mucha guerra...*»

El primer vestigio que denuncia la existencia de cultos antiguos es un dolmen aparecido en el paraje conocido como «el Rincón» (se dice que algunas de sus piedras se utilizaron en la fábrica del Monasterio. Piedras sagradas para un edificio que también lo es).

El Cimborrio visto desde la cuesta de los Camapés o Canapés.

Hoy día sabemos, gracias a los estudios realizados allí por doña Alicia María Cantó, arqueóloga de la Universidad Autónoma de Madrid, que la conocida como Silla de Felipe II, está construida sobre un altar vetón, donde se celebraron sacrificios humanos, hace unos 2.200 años. La existencia de una piedra caballera que, vista de un lado muestra el rostro de un diablo o dios, y vista desde otro un corazón, hace pensar que aquel pueblo veneraba aquel símbolo ofreciéndole el de sus víctimas. En el entorno donde se encuentra la «Silla», hay otros sitios con un magnetismo peculiar, que altera el comportamiento de las brújulas: «... *este sitio es, debido a su entorno y suelo, uno de los lugares de mayor magnetismo del país... Esta ubicación facilitaría una mayor y mejor oxigenación y pureza de la atmósfera y con ello contribuiría a una superior longevidad de las personas*». (Avendaño Salas).

Existen referencias a estos montes en el *Libro de la Montería*, escrito en el año 1350 por orden de Alfonso XI. La región, muy boscosa, rica en caza mayor, era conocida entonces como la Cabeza de la Ferrería. Posteriormente se denominaría a estos montes los Ermitaños, porque sus cuevas, como por ejemplo la del «oso», fueron utilizadas por algunos hombres para entregarse definitivamente al retiro y la meditación.

En la Edad Media hubo un pueblo aquí, la Ferrería de Fuentelámparas. Sus habitantes se dedicaban a trabajar el hierro y otros metales, sobre todo haciendo lámparas de aceite. Todas las noches subían con ellas encendidas hasta la fuente que hoy día se llama «de la Reina», y las situaban a su alrededor en una extraña ceremonia cuyo significado hemos olvidado (posiblemente su origen sea celta). En esta región son tradicionales las apariciones de luces que, según la época, se han atribuido a las deidades de turno. Quizá aquí tuviera lugar uno de estos fenómenos que dio origen a un primer culto mariano. Sin embargo la Virgen no les libró de padecer la peste y se vieron obligados a marcharse más cerca del emplazamiento del actual monasterio. En aquellos años, ya empezó a llamarse a la zona el «Escorial», sea por los montones de escoria que se producían en las fraguas o como referencia a lo umbrío de sus bosques –escurial podría venir de escuro, oscuro–.

Desde el renacimiento la región recibe el nombre de la Herrería. En el antiguo poblado se plantaron castaños, y hoy, terreno particular, recibe razonablemente el nombre de el Castañar.

En el año 1948, el párroco de San Lorenzo, don Teodosio, construyó poco más abajo la Ermita de la Virgen de Gracia en cuyo honor se celebra la segunda romería más famosa de España tras el Rocío, durante el primer domingo de septiembre. Los modernos zahoríes, los geobiólogos, han determinado que en los alrededores de este santuario hay una inusitada actividad energética que alcanza más de 10.000 unidades bovis, la misma detectada en el interior de la Basílica del Monasterio, junto al Altar Mayor.

La Silla de Felipe II. ¿Un altar vetón? Muy posible.

Siete fuentes hay en la Herrería, por las que manan otros tantos manantiales, y que por sus símbolos y su forma, nos permiten reconocer cómo tradicionalmente este bosque tuvo la consideración de sagrado. La abundancia de toda clase de plantas con alcaloides, digitaleras, acónitos, belladonas (incluso alguien ha referido la presencia de mandrágoras), hiedras, líquenes y hongos como la amanita muscaria, atrajeron al rey, quien se rodeó de destiladores y alquimistas para que aprovechasen sus «quintaesencias».

El Pico Abantos y el Puerto del Malagón presiden todo este espacio. Por sus laderas han peregrinado los serranos hacia las alturas, dejando los troncos de los árboles santificados con pequeñas capillas que constituyen el viacrucis penitencial de ascensión al Monte Carmelo de la mística Teresiana (el Camino de Perfección).

La fuente de Las Arenitas, hoy seca, con su atrio donde debieron darse lecciones sabias. Está coronada por una pirámide.

«Todos los pueblos del planeta tienen su particular monte sagrado, residencia de dioses o lugar idóneo para intentar que el alma se eleve o penetre en pos de los secretos del Universo. Por conservar o por recuperar su monte sagrado, los seres humanos han luchado hasta derramar la última gota de su sangre. Todos los movimientos religiosos han tenido en la montaña, real o simbólica, su cumbre espiritual y su ejemplo inmediato de una numinosidad inalterable, paradigma de lo que representa lo que nunca cambia, lo que el tiempo es incapaz de alterar.»

(JUAN GARCÍA ATIENZA:

Montes y Simas Sagrados de España.)

Cataluña es tierra de paso entre África y Europa. También ruta y hogar para los pueblos que, rodeando al Mediterráneo, han gravitado en torno a él. Sus profundidades son almacén de alimento y energía y referente de las distintas culturas. Cada una de ellas ha encontrado su espacio sagrado, en este caso, «La Montaña Serrada», **MONTSERRAT**.

Los mil doscientos treinta y seis metros de formaciones «deltaicas» (margas yesíferas y salinas, areniscas y conglomerados) que forman esta sierra emergieron del fondo del mar en el paleógeno. Toda la energía que habían almacenado en las profundidades se liberó de repente y chocó contra la atmósfera, uniendo con ella sus fuerzas. La resultante es visible, un paisaje capaz de albergar el santuario más venerado por el pueblo catalán.

Según una relación fechada en 1550, escrita por fray Pedro de Burgos, cuenta la leyenda que, en el año 880, durante siete sábados, siete pastores de Monistrol, vieron aparecer unas luces que permanecían estáticas en la entrada de una gruta de la montaña. El fenómeno iba acompañado por un sonido armonioso que parecía proceder de su fondo. Cuando éste cesó, Pedro de Barcelona, obis-

La abadía de Montserrat, en la montaña mágica y griálica.

po de la cercana Manresa envió una comisión de varias personas a averiguar qué pasaba. Ascendieron hasta la Santa Cova y allí encontraron una imagen de la Virgen, con el niño sentado en su regazo, y pensaron que habría sido escondida en los tiempos de la invasión musulmana. La estatua aparecía envuelta en una luz resplandeciente y en el ambiente flotaba un aroma muy agradable, parecido al de las rosas.

Fue entonces, cuando el obispo y el capitán godo Eurigonio la ocultaron, con el fin de preservar la devoción que se tenía a otra imagen que consideraban tallada por San Lucas en Tierra Santa, trasladada a Cataluña por el mismo San Pedro en el año 50. Aunque era de madera clara, el sol del mar la había ennegrecido durante el viaje.

Esta leyenda posiblemente esconde la existencia de dos tallas diferentes de la Moreneta. La más antigua, la más clara, habría sido

264

copiada entre los siglos XII y XIII en madera más oscura, aplicando los rasgos estilizados propios del arte románico. Desde 1812 es la patrona de Cataluña.

El Monestir de Monserrat tiene su origen en el siglo IX. Fue ampliado en el XI, y en el año 1409 se independizó de Roma. Destruido por los franceses en 1811, fue reconstruido en 1844. Actualmente pertenece a los monjes benedictinos.

La iglesia primitiva, consagrada en el año 1592, tenía el frontis plateresco. Fue sustituido en 1900 por un friso neorrenacentista representando a *Cristo con los Apóstoles*, obra de Agapit y Venanci Vallmitjana.

Esta montaña mágica es origen de muchas tradiciones, como la que sitúa aquí uno de los escondites del Santo Grial, que habría sido traído por los supervivientes cátaros, tras ser vencidos en Montsegur (1244). Este objeto de veneración permanecería oculto en Montserrat, aunque se intentó deliberadamente confundir a sus buscadores, de tal modo que podría también haber sido llevado al monasterio aragonés de San Juan de la Peña. Nadie sabe a ciencia cierta si fue eso lo que buscaban los franceses que mandaba el mariscal Suchet cuando invadieron con violencia y saquearon sistemáticamente ambos santuarios.

Varias ermitas están repartidas por la montaña. Fueron construidas tratando de aprovechar el carácter de lugares «especiales», idóneos para instalar estos humildes centros iniciáticos. El más alto, a 1.159 metros de altura, está ocupado por la ermita de San Jerónimo. Su acceso es sumamente difícil y penoso. Las tradiciones refieren que el lugar tiene un cierto aire siniestro, como si alguna fuerza quisiera alejar a quienes sean indignos de llegar hasta allí.

Cerca de las peñas del Cavall Bernat y el Cap de Mort, está la dedicada a San Antonio Abad, y también es un lugar que repele a los visitantes inadecuados o curiosos. Allí soplan los vientos más violentos y fríos de la montaña.

La ermita de San Benito estaba en una cota inferior, para que los monjes ancianos no tuvieran demasiadas dificultades a la hora de transitar por los tortuosos caminos que sortean las escarpadas peñas, que se asoman a los barracos.

Esas luces misteriosas que aparecen intempestivamente en ciertos lugares, tienen predilección por esta montaña «serrada». El caso Manresa, por ejemplo, acaecido en el año 1345, recoge un extraño fenómeno. Unas esferas luminosas llegaron desde la montaña hasta la antigua iglesia del Carmen, y allí, tras realizar diversas evoluciones por dentro de la nave, volvieron a gran velocidad al macizo de Monserrat.

Algunos piensan que aquí hay una puerta dimensional. Extrañas apariciones y desapariciones suceden a menudo en estos riscos en los que recibió su iluminación San Ignacio de Loyola (Ermita de San Dimas).

Otra imponente visión de Montserrat.

LOS DESCONOCIDOS

«Dentro de estas representaciones rupestres paleolíticas aparecen rasgos de una posible dendrolatría de los arboriformes de Pindal y de Castillo, así como posibles mitografías, como la referente al viejo mito cosmogónico relacionado con el agua (Los Casares), o la escena ritual de una hierogamia frente al animal sagrado, lo que supone la existencia de ritos y mitos que ampliaron las simples expresiones zoolátricas de los primeros tiempos.»

(www.antropos.galeon.com)

Dendrolatría o *fitolatría*: adoración a las plantas, sobre todo a los árboles. *Mitografía*: ilustración pictórica de los mitos. *Hierogamia*: cópula sagrada. *Zoolatría*: adoración de los animales.

La entrada de la **Cueva de los Casares** está a un kilómetro más o menos de Riba de Saelices y puede verse desde el mismo pueblo. Se abre en una peña coronada por los restos de una vieja torre. Es el acceso al Desfiladero de los Milagros, peñas areniscas rojizas y muy erosionadas, por el que discurre el río Linares.

Para llegar hasta allí hay que ascender una ladera escarpada en la que el camino apenas queda señalado por dos sencillas hileras de piedras que pasan por delante de sendas excavaciones arqueológicas. Repartidas por todas partes están las huellas de las distintas culturas que aprovecharon el poder y la situación estratégica de este lugar (celtíberos, romanos, visigodos, árabes y cristianos). Se pueden apreciar perfectamente los restos de los muros de las distintas estancias, como apriscos para el ganado, incluso un gran horno de yeso al pie de la entrada.

Estamos en el más importante abrigo paleolítico de la península ibérica. En su interior hay cerca de doscientos petroglifos grabados

La Cueva de los Casares. Contra el cielo, recreación de uno de los grabados, el de la cópula ante un brujo con máscara de mamut.

en sus paredes en diversas épocas, algunos de ellos realizados en el solutrense (aproximadamente entre 20.000 y 15.000 años a.C. según Cabrera y Aguiló), un estadio muy primitivo del paleolítico superior. Por tanto son anteriores a las pinturas de Altamira, y muestran que las migraciones en aquel período iban desde África a Europa y no al revés, como afirman Henry Breuill y Leroy Gourhan.

Del carácter mágico-religioso de la cueva no hay duda, puesto que tanto al principio como al final, sobre sus paredes podemos apreciar sendas liebres, dibujos protectores de los recintos sagrados que impedían la entrada de los espíritus malignos. Podemos encontrar además animales ya desaparecidos como un rinoceronte lanudo (*rhinoceros tichorhinus*), a 150 metros de la entrada (singularmente existe una representación del único glotón en arte parietal paleolítico que existe en Europa). Pero, sin duda, la figura más impresionante es un brujo con una máscara que representa a un mamut lanudo que nos mira de frente mientras sus dos grandes colmillos se elevan como sables. Está rodeado por figuras antropomorfas en actitud de copular.

Existe una cámara conocida como «El paritorio», donde podemos ver algunas representaciones relacionadas con la maternidad. Incluso existe una oquedad en la que se supone que las mujeres se apoyaban para dar a luz con más facilidad. Además es un recinto que probablemente siempre estuvo seco y tibio.

Este maravilloso tesoro artístico que podemos ver en el centro de España tiene muchas más cosas que ver, por ejemplo, figuras antropomorfas en actitud de lanzarse al agua (probablemente al cercano río Linares) para pescar. A su lado existen multitud de representaciones de todo tipo de peces y, ¡un asno o caballo con un ronzal! Esto demostraría, según la opinión de algunos expertos, que ya se domesticaban animales.

Al entrar en la cueva hay que atravesar cuatro cancelas metálicas con sus correspondientes cerraduras. El guía, Emilio Moreno, es un verdadero erudito, aparte de un gran enamorado de la cavidad (lleva enseñándola desde niño). Su teoría es que muchos de los dibujos fueron realizados, no por hombres, sino por mujeres durante los largos períodos en que sus parejas iban a cazar o guerrear. Su razonamiento es impecable y comprensible. Tanto en los dibujos que vemos aquí como en los que él ha estudiado en otras cavidades, se aprecian una serie de rayas o incisiones, cuyo número (27 ó 28) hace pensar inevitablemente en los ciclos menstruales, relacionados a su vez con los de la luna.

Grabado con un ser antropomorfo y un caballo.

Cerca del pueblo de Barx, en la espalda del Montdúver, el monte sagrado de Gandía, hay un santuario del Arte Levantino prehistórico: la **COVA DEL PARPALLÓ**.

El camino que conduce hasta el recinto que alberga la gruta parte de la carretera que desciende hacia la costa. Es apenas una capa de asfalto sobre arena flanqueada por arbustos.

Si no fuera porque en tiempos se construyó una valla de protección a su alrededor, que hoy permanece abierta, sería difícil encontrar este lugar.

Para entrar hay que localizar un árbol frondoso, cerca del que se abre una grieta de forma triangular de unos 5 metros de altura, por la que hay que descender sorteando grandes piedras que asemejan escalones ciclópeos.

El santuario es una especie de catedral natural, donde una columna central parece sujetar un techo protector, tanto de las inclemencias de la climatología como contra la agresión de los enemigos o la ira de los terribles dioses antiguos.

Inmediatamente llaman la atención los juegos de luces que van iluminando extrañamente sus oquedades. Son los mismos que vieron sus primeros habitantes y para los que seguramente tenían un significado mágico. Los rayos del sol al atardecer, sobre las paredes, crean multitud de formas sugerentes: cabezas, cráneos, animales, bosques. Todas estas evocaciones debieron ser muy importantes para quienes dependían exclusivamente de una realidad en que lo simbolizado era su mundo real, tanto visible como invisible.

Su acústica conmueve al visitante y le obliga a hablar bajo, incluso permanecer callado. Las salas superiores devuelven la propia voz amplificada por los ecos, rebotando en las paredes de un modo casi sobrenatural. Un efecto que conocieron y aprovecharon los sacerdotes de este santuario. En algunos lugares, incluso, se puede apreciar

Entrada a la Cova del Parpalló.

una vibración de muy baja frecuencia, sorda y opaca. Es el propio hálito, el canto del espíritu de la Tierra, que se une a los miles de pequeños crujidos, rumores de aguas subterráneas, roces fugaces de aves o insectos, las chicharras y las aves. Su energía acústica choca contra esta caja de resonancia de piedra como si fuera el vientre de un violín. Van envolviendo poco a poco y elevan el tono espiritual, hasta provocar un estado elevado de conciencia en el que deja de contar el tiempo.

Los primeros estudios en la Cova del Parpalló, son realizados a partir de 1928 por el catedrático Luis Pericot García. De ellos se deduce que el hombre de CroMagnon utilizó este recinto durante todo el paleolítico. Del período auriñaciense han aparecido restos que definen el carácter eminentemente mobiliar de la cueva que no tiene pinturas ni petroglifos en sus paredes. Pertenecen al solutrense superior los primeros vestigios documentados, como las pruebas de un tratamiento térmico de hachas en forma de hojas de laurel (período de «facies ibérica») y los restos humanos encontrados, algunos fragmentos óseos (molares, fémur juvenil y mandíbula) y un cráneo casi completo de una joven de entre 16 y 18 años con rasgos mediterranoides (que vivió entre los 20.490 y los 18.080 años a.C.).

El hallazgo más importante realizado en el santuario son varios miles de tabletas de caliza o arcilla grabadas, confeccionadas con una intención mágico-propiciatoria (talismanes), que serían portados por los cazadores para asegurarse el éxito.

Una de las tabletas del Parpalló.

«Peña Tu, Peña Tun, Peña Tuna, /y cómo te encaramas entre pinos /–ayer entre abedules, mimbres, robles–/cogiendo brisas.» (Emilio Pola)

Para llegar a **PEÑA TÚ**, hay que llegar al pueblo de Puertas de Vidiago y tomar la dirección a Santander. En lo alto de la Sierra de la Borbolla, en medio de un bosque, hay una gran peña, en una de cuyas paredes está grabado el ídolo.

Asturias es tierra donde han sobrevivido numerosos enigmas, como este recuerdo del pasado que parece mirar hacia el mar. Su nombre, según Gómez Tabanera, viene de «peñatu», refiriéndose familiarmente a su pequeño tamaño. También se le conoce como Cabeza del Gentil.

La inscripción está en una enorme masa arenisca silícea blanca que tiene casi 4 metros de altura y 1,40 de ancho.

Los primeros estudios del lugar se realizaron en 1912 cuando fue visitado por el Conde de la Vega del Sella, acompañado de Eduardo Hernández Pacheco, quien publicó un trabajo poco después. En 1914 el párroco de Vidiago, José Fernández Menéndez, arqueólogo, inició nuevas investigaciones que han quedado olvidadas. Después fue profanado en diversas ocasiones por los «piratas arqueológicos», que además dejaron su «firma» en tan noble piedra (cosa que sucede en muchos lugares), con lo que hubo que protegerlo con una verja que prácticamente rodea el conjunto.

El ídolo es esquemático, apenas unas cuantas rayas. Dos círculos representan los ojos, y una línea vertical la nariz. La cabeza parece nimbada por los rayos del Sol. A su lado un incisión indefinida podría representar una tumba o quizá un cuchillo. En la parte inferior ocho figurillas pintadas de rojo parecen danzar en medio de una extraña ceremonia que dirige un jefe con una especie de báculo.

Un testimonio literario le describe como: *«La forma es de estela; el rostro son dos círculos y una raya; el cuerpo, sólo líneas paralelas. Parece ser que se trata de una divinidad de culto desconocido, vestida con traje de ceremonia, una Diosa-Tierra propia de los pueblos agricultores. Hay quien opina que es más bien una representación de carácter funerario relacionada con la necrópolis tumular de Vidiago. Otros afirman que no hay que afirmar nada, pues nada se sabe».* (LUIS DÍEZ TEJÓN: *Esta tierra en que nacimos*).

Hay varias teorías sobre el significado de este ídolo, declarado monumento nacional prehistórico en 1923. Unos piensan que podría tratarse de una divinidad relacionada con ceremonias destinadas a ayudar a los muertos en su tránsito a la otra vida. Otros, sin embargo, se inclinan por la hipótesis de que es la Diosa de los Ojos, una enigmática divinidad consagrada a la Luna, y también a la muerte. Esto podría estar certificado por la presencia cercana de treinta y seis túmulos que fueron profanados en un momento indeterminado.

Existen algunas leyendas alrededor de este monumento, como la de un druida que, paseando un día por el bosque en busca de plantas medicinales, encontró la peña y consideró que se trataba de una señal del cielo procedente de la Diosa Blanca, por lo que mandó que fuera decorada, para que la deidad decidiese estar siempre cerca y disponible.

El idolillo esquemático de Peña Tú, del que ignoramos quien fue el autor, sobre esta pared de esta sugerente piedra mágica.

El santuario de **CONQUEZUELA**, datado en la edad del Bronce (2000 a 1600 ap. a.C.), es uno de los lugares más misteriosos y emblemáticos de la provincia de Soria, sobre todo por su cercanía a Ambona y Torralba, donde existen restos de los antiguos elefantes que vivían en la península ibérica hace 400.000 años. Podemos admirarlos en un museo que se ha construido allí mismo.

Este recinto sagrado tenía delante una laguna de unos 50.000 metros cuadrados, actualmente desecada, por lo que habrá que recurrir a la imaginación para reconstruir mentalmente un lugar con distinto aspecto del que tenía cuando se desarrollaron allí los cultos dedicados al agua.

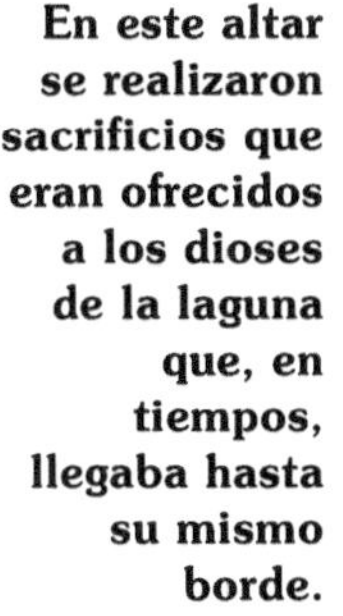

En este altar se realizaron sacrificios que eran ofrecidos a los dioses de la laguna que, en tiempos, llegaba hasta su mismo borde.

Se trata de un macizo de areniscas pardas en el que se abre una grieta de unos 5 metros y medio de altura y 10 de profundidad más o menos. En su interior hay una especie de pileta natural en la que cae un hilo de agua continuamente. En las paredes se han practicado unas mil doscientas cazoletas de diversos tamaños, entre 2 y 5 centímetros de diámetro. Están acompañadas por cuarenta y ocho figuras de «bailarines» (según la interpretación de Juan Antonio Gómez Barrera). Hay otros signos indescifrables. Quizá posteriormente se realizó uno circular que parece contener una serpiente, por lo que es casi seguro que los cultos que allí se realizaron están relacionados con el agua (lustrales o advocación femenina).

Se accede mediante una rampa que conduce hasta una ermita dedicada a la Virgen de Santa Cruz, una «oportuna» aparición mariana medieval. También de la época se puede ver una pequeña bóveda de cañón que da acceso al interior del recinto. En su comienzo podemos ver una especie de «gradas», o escalera, que no es otra cosa que un altar de sacrificios, posiblemente humanos, semejante a otros que salpican la geografía española. Podría haber sido utilizado por el pueblo *arevaco* que habitó la zona.

No hay duda del carácter mágico y misterioso del lugar. Se aprecia bien el impresionante telurismo que invita a escuchar en silencio cada ruido, desde el propio rumor de la tierra, hasta el aire que roza las tortuosas rocas, sin faltar ese leve susurro con que vuelan las grandes rapaces.

Conocedores de su carácter de lugar de poder, en la Edad Media, se excavaron tumbas antropomorfas en la parte superior de las piedras. Las especies vegetales con alcaloides presentes podrían haberse empleado en ritos relacionados con la función de este recóndito y sugerente santuario «reciclado» en honor de la Madre de Dios, escondido en las parameras sorianas, en una región prácticamente deshabitada hoy, pero que en tiempos debió ser muy conocida y visitada.

El santuario de Conquezuela es uno de los lugares más mágicos de Soria. Tanto que aún lo es, a pesar de los siglos, y de las distintas creencias que reivindicaron su fenomenología.

Partiendo de la localidad alcarreña de Pastrana por la carretera que se dirige a Albalate de Zorita, a la izquierda, hay un desvío que se dirige a Valdeconcha. Allí mismo, en medio de tierras de labor, hay una gran roca arenisca de color parduzco-gris perforada por extrañas galerías escavadas en un tiempo ignoto. Es la **CUEVA DE LOS MOROS, DE PASTRANA,** rebautizada por el investigador Emilio Villellas como el **ORÁCULO DE PALATERNA** (Pastrana), por su semejanza con el que ya conocemos de Cumas. Pero también es un remedo de las cuevas de Qumram, junto al Mar Muerto, donde la tribu hebrea de los esenios encontró a su Dios.

Su función original es desconocida, aunque hoy es evidente que se han utilizado en diversas ocasiones como aprisco de ganado. Prueba de ello es la capa de excrementos del suelo. De sus paredes parte una galería que se dirige hacia el norte, tapiada en su parte final, aunque puede verse el cielo por una pequeña abertura. Que se sepa, nadie ha investigado aquel lugar adecuadamente.

Lo que primero llama la atención es el paralelismo de sus galerías y luego su forma troncopiramidal. Evidentemente sus 5 metros de altura han sido tallados a mano. En el fondo son un poco más bajas. Se interconectan por pasillos que atraviesan el complejo longitudinalmente, siguiendo la dirección del valle.

Su interior recuerda a las mastabas egipcias o a Cumas, con su enigmático juego de luces. En sus paredes, aparte de los letreros e incisiones actuales, hay una serie de signos grabados que no se

278

Son más toscas, pero su estructura recuerda poderosamente al antro de la sibila de Cumas, que también puede verse en este libro.

corresponden con ninguna escritura conocida, aunque podría ser ibérica. Incluso, para poder verlos bien tienen que recibir la iluminación de lado. También existen algunas oquedades destinadas a colocar lámparas de aceite o velas, o como dice Villellas, ¿tendrían una función controladora de la acústica?

Quizá podría tratarse de algún tipo de templo o antro sagrado dedicado a dedidades femeninas antiguas, perteneciente a un castro celtibérico desaparecido que estaba en un sitio llamado el «lugar de la Pangía». Podría haber servido perfectamente para emitir oráculos dentro de un escenario especialmente dramático.

Con toda seguridad, durante la Edad Media y el Siglo de Oro, desconocidos eremitas se sirvieron de ellas para meditar y recogerse. Seguramente estuvo en ellas San Juan de la Cruz y quienes le acompañaban, ya que también lo hizo en el monte de enfrente, en la ermita-cueva de San Pedro, que quedó bajo el convento del Carmen (fundado por él y por Santa Teresa), construido precisamente encima de este lugar santo. Antes de penetrar hay que pasar por el huerto, donde está la ermita de la santa, con su zarza, que milagrosamente no tiene espinas.

El autor del *Cántico Espiritual* sabía que sus monjes podían aprovechar su ambiente recogido, adecuado para permitirles alcanzar estados de éxtasis aprovechando el silencio y fuerza de estos lugares –por eso fueron talladas aquí–. Desde la época de las cruzadas, sabemos que místicos musulmanes, los sufíes, consideraban cuevas como estas lugares idóneos para meditar y ponerse en contacto con Dios. Esta costumbre tiene su origen en los mentados esenios, que habitaron los desiertos de Qumram, en cuyos refugios aparecieron los misteriosos *Manuscritos del Mar Muerto*. Aquí, además , sabemos que hubo una importante comunidad de moriscos.

En la parte exterior, subiendo por una escalera esculpida en la roca, hay gran cantidad de petroglifos mezclados con inscripciones irrelevantes realizadas por gentes desaprensivas. Abundan los que parecen una «E» invertida, triángulos con una cruz en su centro, aparentes ballestas y, sobre todo, cruces con un triángulo en su base y una letra a cada lado. En la parte más alta, la meseta que corona la primera galería, incluso podemos ver un semicírculo cruzado por una raya, y una especie de extraña «m» que lo atraviesa.

A unos 500 metros de la cueva se puede ver el convento carmelita de San Pedro, hoy del Carmen, dividido en dos partes: una, la Hospedería Real, y otra, el Museo de Historia Natural franciscano, de Arte Religioso y de Recuerdos de Santa Teresa y San Juan de la Cruz, que fue seminario donde se preparaba a los misioneros.

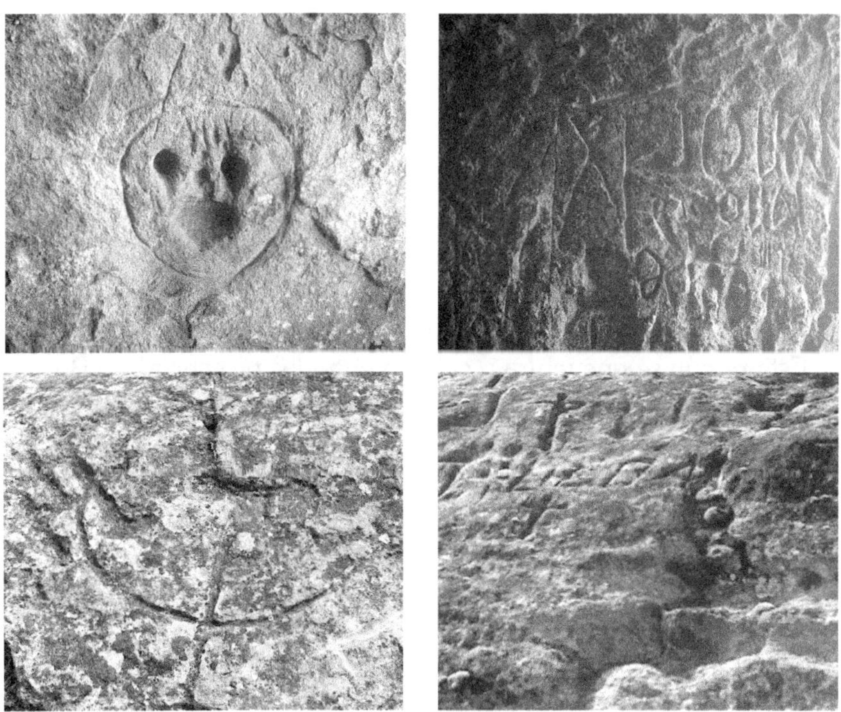

Extraños símbolos y letras de la «cueva de los moros». Algunos son de contenido religioso. ¿Y los otros?

Escondido en la provincia de Soria está uno de los lugares más fascinantes de toda la península ibérica. Esculpido durante siglos por el agua, es hábitat natural de numerosas aves rapaces que ya estaban allí cuando los hombres de la Edad del Bronce habitaron sus cuevas. Desde entonces se han asentado allí otras gentes que lo consideran un verdadero lugar de poder, como por ejemplo quienes construyeron la ermita protogótica de **SAN BARTOLOMÉ**, en Río Lobos, de más que probable filiación templaria.

Este rincón se encuentra a caballo entre las provincias de Burgos (Hontoria del Pinar) y Soria, ocupando parte de los municipios de San Leonardo de Yagüe, Herrera de Soria, Santa María de las Hoyas, Casarejos y Ucero, con una superficie de 9.580 hectáreas, y una longitud de 25 kilómetros. El camino de acceso es la carretera del Burgo de Osma a Ucero, camino de San Leonardo de Yagüe.

Florentino Zamora sitúa la llegada de los caballeros templarios al pueblo de Ucero en el año 1157, y la fundación en Río Lobos del convento de San Juan de Otero. Se le cita en 1170 como consecuencia del pleito que tenía con la orden de Calatrava. El castillo es asentamiento del Temple desde Alfonso I de Aragón, siendo primer señor del castillo Juan González de Uzero en el año de 1212.

282

Del convento quedan una pocas ruinas dispersas, pero sin embargo, bajo un gran arco natural cargado de leyendas está la ermita, un majestuoso edificio religioso cargado con toda la simbología esotérica medieval, en medio de un impresionante paisaje natural, donde buitres leonados y águilas reales rompen el solemne silencio con sus voces.

Cuentan que el Apóstol Santiago lanzó desde una ventana cercana que se abre en las peñas y que llaman «del Diablo» su espada, y la ermita se construyó donde está quedó clavada.

Su estilo es románico tardío o protogótico, con planta de cruz latina. En el alero del tejado los canecillos están esculpidos con diferentes símbolos esotéricos. Un hombre, una mujer, cabezas, parejas, crismones, símbolos de la transformación sexual del adepto y otros que permiten conocer que estamos ante un tratado de símbolos alquímicos. Esto permite confirmar la hipótesis de que uno de los «tesoros» que estos monjes encontraron en Tierra Santa fue la ciencia secreta conocida como El Arte Sagrado.

En su interior podemos encontrar la Cruz templaria de las Ocho Beatitudes, la clave de un alfabeto de transmisión utilizado en distintas operaciones de transmutación de lo interno y de lo externo. Por todas partes se ven también rombos que seguramente fueron blancos y negros.

Los elementos arquitectónicos más extraordinarios son los rosetones en forma de pentalfa, que recuerda la tradición simbólica asociada al Sello de Salomón y a la mística sufí. Con una sola línea crean diez espacios con forma de corazones grandes y pequeños que ha sido comparado con la figura de un mandala oriental.

Estamos ante un libro de piedra que, nos habla de aquellos hombres que supieron encontrar aquí silencio, sosiego, energía y recogimiento necesarios para sus operaciones iniciáticas, ya olvidadas para casi todos. Porque este es uno de los lugares de poder más inequívocos de España.

La ermita de San Bartolo de río Lobos está situada en un lugar con fuertes influencias telúricas, como la de la Cueva Grande, a su espalda, desde donde está obtenida esta imagen.

«Nuestra Religión, por conservar su más propio espíritu, ha hecho unas casas de Desiertos, donde se vive como vivieron nuestros santos primitivos, sin trato ni comunicación alguna, con continua oración y silencio...»

(Padre Alonso de Jesús María,
primer prior del desierto de Bolarque)

■ Los místicos del Renacimiento encontraron cerca de Pastrana otro lugar donde desarrollar una nueva experiencia mística, alejados de las ciudades y ruidos, en contacto íntimo con la naturaleza. Lugares cargados de energía donde poder alcanzar el silencio interior. Al igual que en Tierra Santa los denominaron «desiertos» o «yermos». Y a éste particularmente **DESIERTO CARMELITANO DE BOLARQUE**.

En un lugar alejado de todo, los carmelitas crearon un cenobio de tipo «desierto», con celdas desperdigadas por todo el monte.

286

Sin duda el Carmelo *es* la orden monástica más antigua. La tradición consagra a Elías como su impulsor cuando fundó el orden profético o religión carmelitana, 927 años antes del nacimiento de Jesucristo. Sus ideales eran la práctica de la penitencia y la oración. Se establecieron en numerosos lugares en las orillas del río Jordán donde recibieron el nombre de esenios. Las persecuciones de los musulmanes les obligaron a emigrar a Europa en el siglo XIII, con lo que la orden se extendió hasta España. Santa Teresa la reformó en el año 1561, cuando empezó a fundar conventos de la orden donde se retomaban las prácticas del viejo eremitismo. San Juan de la Cruz, por su parte, sería el encargado de animar a los carmelitas masculinos a vivir en cuevas como anacoretas. Este es el origen de los desiertos que alcanzarían su mayor auge bajo el impulso del padre Tomás de Jesús a finales del siglo.

El primer convento se construyó en 1592, cuando fray Alonso de Jesús María y sus compañeros levantaron una cabaña con piedras y ramas a la que adosaron una pequeña capilla. Al principio utilizaron como celdas las oquedades de las rocas cercanas. Un año después, había un cenobio con refectorio e iglesia. Por el monte se construyeron algunas celdas que ya eran utilizadas para el retiro.

Durante los 250 años que el Desierto estuvo activo, la vida se desarrolló en la más profunda paz, alternando las labores de construcción y mantenimiento de los edificios con el desarrollo espiritual de sus moradores, si bien un incendio en 1619 alteró momentáneamente la paz. Fue atribuido a la intervención del diablo en forma de «zorras velocísimas, que lo propagaron con rapidez».

En el siglo XVIII, había ya 32 capillas repartidas por el bosque. Sin embargo los ideales ascéticos se habían ido debilitando al ser edificadas bajo el patronazgo de aristrócratas y burgueses, quienes las recargaron con excesivas donaciones de ornamentos, retablos y obras de arte. Así terminó el aislamiento y la pobreza absoluta, como era su intención original.

Los franceses en 1808 buscaron el convento para saquearlo. No lo encontraron. Una tradición afirma que fue porque las nieblas del Tajo y las tormentas repentinas despistaron a los soldados milagrosamente.

Como en tantos otros lugares sagrados, la desamortización de Mendizábal (1835-36), acabó con el Desierto, sus monjes fueron exclaustrados y aquel lugar de paz quedó condenado al olvido. Hoy es una finca particular que pertenece a los Duques de Pastrana, totalmente abandonada.

La construcción del embalse de Bolarque tuvo co-

En medio de la selva, una de las celdas individuales.

mo consecuencia la desaparición de los viejos caminos, que hoy día están bajo el agua, lo que ha convertido esta zona en una región recóndita y escondida, aunque a la vista de las orillas «civilizadas» por las embarcaciones de recreo y los «chalets» de la urbanización Nueva Sierra de Madrid. El aislamiento ha permitido conservar sus viejos secretos y atesorar los beneficios de la Tierra, aprovechados por los monjes durante años. También ha permitido que se haya mantenido el secreto del emplazamiento de una misteriosa ciudad desaparecida en la cima de sus montes cubiertos de intrincados bosques de pinos, a la que visitaremos a continuación.

288

Desde el impresionante castillo de los Caballeros de la Orden de Calatrava en Zorita de los Canes, puede verse la excavación que supuestamente sacó a la luz la mítica ciudad visigoda de **RECÓPOLIS**. Sin embargo los restos de otra prácticamente desconocida duermen en unos bosques cercanos a aquella región. El enigma es: ¿hay una o dos Recópolis?

El rey Leovigildo fundó una ciudad en el año 578 en honor de su hijo Recaredo. Sin embargo, su emplazamiento fue olvidado pronto, entre otras cosas porque nunca tuvo la consideración de sede episcopal. De su existencia hay muy pocas referencias, entre las que destacan la de Ambrosio Morales en 1577 en su *Crónica General de España* y la de Juan de Biclaro, quien relata que el hecho tuvo lugar tras la campaña del año 577: «*Después de destruir en toda Hispania a los usurpadores y saqueadores, el rey regresó a su residencia para descansar entre los suyos, y edificó una ciudad en Celtiberia a la que dio el nombre de Recópolis por su hijo, adornándola con murallas y edificaciones, y decretando su conversión en una nueva ciudad».* Juan Cabré afirmó haber descubierto las ruinas en los años 40, cuando apareció en el conocido como Cerro de la Oliva el «Tesorillo», una colección de monedas y otros objetos entre los restos de un conjunto de diversas edificaciones.

En el asentamiento quedan los restos de una capilla románica del siglo XII dedicada a Nuestra Señora de la Oliva (la Virgen se aparece frecuentemente en las ramas de estos árboles, por otra parte abundantes en la región), construida sobre una antigua basílica paleocristiana del siglo VI. Actualmente se conserva el arco que sujeta la bóveda sobre el altar mayor. El pórtico, reforzado posteriormente, muestra hoy el recuerdo de un arco ojival. Saliendo por la puerta de poniente, atravesando una especie de atrio en el que

La Recópolis "oficial", cuyas ruinas restaurads se extienden por debajo de la ermita de la Virgen de la Oliva, junto a Zorita de los Canes.

en tiempos existieron cuatro columnas (de factura romana) de las que quedan los basamentos, se llega a una especie de gran patio rodeado de construcciones. Las más grandes, que forman una formidable muralla sobre el río Tajo, podrían haber servido como caballerizas. El resto serían las dependencias de un palacio. Junto a la capilla, según la costumbre medieval, hay una necrópolis en la que han aparecido monedas godas y otros objetos.

Este conjunto de edificaciones, por su número y dimensiones, parece más un palacio, o unas dependencias administrativas que una ciudad. El arqueólogo Jacobo Storch tiene razones para pensar que la auténtica Recópolis se encuentra en otra parte. En primer lugar, Morales y Mariana la sitúan en la confluencia de los ríos Tajo y Guadiela, que forman actualmente el embalse de Bolarque, pocos kilómetros río arriba. En la franja montañosa de tierra que hay entre ambos ríos están los restos de una muralla de casi 5 kilómetros. Tiene de media dos metros de alto por casi otros dos de

La supuesta Recópolis de Buendía. Esta sería la «plaza anchurosa», que describió el padre Gabriel Henao.

ancho. En su interior, las ruinas de multitud de casas se esconden entre los pinos y son muy difíciles de ver, incluso desde un lugar privilegiado como es la torre del castillo que está en el pueblo de Anguix, al otro lado del río. Sin embargo todas estas construcciones permiten sospechar que aquí hubo una gran ciudad, posiblemente la que construyó Leovigildo. El cronista de Guadalajara, Francisco Múgica Laynez, encontró una referencia dispersa que podría reforzar esta hipótesis: «*desde las almenas (del castillo de Anguix), se veían las orgullosas murallas de la plaza fuerte de Recaredo*». ¿Qué serían, pues, los restos del Cerro de la Oliva? Posiblemente unas dependencias reales separadas con algún fin estratégico, que habrían aprovechado algún fortín romano preexistente.

Consultadas de nuevo las *Relaciones Topográficas de 1575*, el testimonio de los habitantes de Zorita de los Canes fue el siguiente: «*A los cinquenta y seis capitulos se responde: que en el termino de esta Villa no ay despoblado ninguno, sino es un despoblado que está como un quarto de legua de la dicha Villa, y que allí se hallan grandes edificios de murallas, y de casas, y de Torres, y otros muchos edificios de diferentes maneras, y estos todos están asolados, escepto que donde quiera que en el dicho despoblado se cava, se hallan grandes lavores de edificios mui antiguos, y este despoblado, á lo que se ha oido decir á los ancianos, se llama de su propio nombre la ciudad de Rocha-frida, y en el contorno de este poblado en lo más alto de él ay una hermita á lo que parece en el edificio es mui antigua, y en ella ay una capilla donde está el Altar mayor; ay otras dos naves que están atravesadas de como agora se usa en las Yglesias que se hacen, porque las que agora se hacen van de alto á baxo, y estas dos están al través, y todos los dias de la víspera de la Ascension de Nuestro Señor, van en procesion desde esta Villa y la Villa de Almonacir, y allí se dice misa, y de que han acabado la misa se dice un responso afuera de la hermita, y se dice por el Rey pepino, y esto que no se acuerdan decir en contrario, y donde se juntan estas dos procesiones en la dicha hermita, se llama Nuestra Señora de la Oliva, y por la falda del Cerro donde están los dichos edificios, pasa el rio de Tajo por gran parte del dicho Cerro, y por junto al dicho rio van las dichas murallas que son mui antiguas de Cal, y de arena y de piedra Toviza.»* Como puede verse comparando esta cita con la de cabecera, hay muy serias dudas de que la ciudad auténtica sea la de Zorita. Desde luego, en el XVI no lo era.

Uno de los elementos fundamentales que generan la

Uno de los extraños amontonamientos de piedras que están repartidos por la sierra de Enmedio.

confusión es que la gente de por allí, incluso los más ancianos, en general, desconocen la sierra de Enmedio por las dificultades de acceso. El medio más sencillo de llegar es a través del agua y adentrarse por los bosques desde la orilla, como hacen los cazadores, posibilidad difícil, puesto que habría que obtener permisos adecuados en el puerto deportivo de la urbanización.

La visita a las ruinas que se encuentran allí, permite detectar la presencia de abundantes vestigios de lo que pudo ser una gran ciudad que se destruyó o desmanteló en un momento del que no tenemos referencias. Pero no sólo eso, sino que existen caminos perfectamente construidos que llevan a un espacio diáfano donde podría haber estado la que el padre Gabriel de Heano llamó en el siglo XVI la «plaza anchurosa de Recópolis», tras visitarla con motivo de su estancia en el Desierto Santo de Bolarque.

(*Vida de San Frutos, San Valentín y Santa Engracia*, FRUTOS DE LEÓN TAPIA)

El camino nos lleva hasta un angosto valle, donde sabemos que hay una cueva muy especial, la de los Siete Altares, un refugio para los cristianos perseguidos, en tiempos ya olvidados.

Allí hicieron sus hornacinas, que les sirvieron para celebrar sus ritos. Y allí fueron muertos por la espada. ¡Eran tiempos duros para una nueva fe!

Ascendemos al páramo y, tras tomar un camino de tierra, llegamos a un lugar habilitado para aparcamiento. Iniciamos el descenso y, como salido de un sueño alucinado, se nos muestra en todo su esplendor el **PRIORATO DE SAN FRUTOS DEL DURATÓN**, dibujado contra un paisaje de tal belleza que obliga a rezar.

Una isla que corta las hoces del río Duratón, elevándose sobre el agua con una majestad indiscutible. Vuelan por allí los buitres leonados, sin ningún pudor. Incluso escuchamos el silbido con el que sus alas cortan el aire serrano cuando pasan muy cerca.

Aquí es donde el visigodo San Frutos, patrón de Segovia se retiró, algo habitual en el siglo VII, en busca de un Dios solar y telúrico que los sabios querían contemplar en medio del silencio, la austeridad y la escasez de las parameras segovianas.

294

Esta cresta fue la elegida por San Frutos para vivir. Los benedictinos de Silos fueron después edificando el Priorato que hoy vemos.

Frutos nació muy probablemente en Segovia en el año 642. Era de una familia visigoda acomodada, pero eligió el camino de Jesús el Cristo: «*Una cosa te falta; anda, vende lo que tienes, dale el dinero a los pobres, así tendrás un tesoro en el cielo, y luego sígueme*» (Marcos, 10, 17-30). Además, convenció a sus hermanos, Valentín y Engracia, para que le acompañaran en su aventura vital.

Fue hacia el este, y llegó al río Duratón. Allí eligió este promontorio, que le pareció adecuado para su empeño.

Al principio, su vida transcurría en oración en una pequeña capilla que había construido con las mismas piedras que había por allí. También lo hicieron así sus hermanos. Engracia bajo una formidable peña, y Valentín en una terraza, un poco por debajo. Se alimentaban de un pequeño huerto al que regaba una fuente que aún existe. Y todas las tardes se reunían a rezar.

Y allí les pilló la invasión de los fieles a Alah, y cuenta la leyenda que los cristianos de la zona, perseguidos por los musulmanes fueron a solicitar protección al santo. Allí estaban cuando llegaron dispuestos a matarlos. Entonces tuvo lugar el milagro. Frutos, tras intentar convencerles de lo pecaminoso de sus actos, y en vista de su contumacia, trazó una raya en el suelo con su vara y les prohibió pasar. Unos pocos avanzaron, pero de repente se abrió una grieta de cien metros de profundidad por la que se despeñaron. Por eso la llaman la Cuchillada de San Frutos. Los asaltantes a partir de entonces, le reconocieron como un santo y le respetaron hasta su muerte, siendo ya muy anciano.

Fue enterrado junto a sus hermanos, y sus cuerpos estuvieron allí, hasta que en el siglo XI fueron trasladados a Segovia.

Convento de Nuestra Señora de los Ángeles, o de la Hoz, sobre el Duratón. Ruinas dignas de una leyenda de Bécquer.

El complejo que hoy nos recibe, en parte en ruinas gracias a Mendizábal, fue edificado por los benedictinos de Silos, a quienes se lo concedió Alfonso VI en 1076. La iglesia románica y el monasterio anejo fueron desamortizados en el año 1836. Después vino la ruina hasta hoy, cuando todas estas cosas han vuelto a recobrar importancia.

Éste es un lugar claramente mágico y santo, donde nos encontramos con detalles curiosos, como la necrópolis que creció alrededor de sus cimientos. En el acceso a la iglesia hay una ventana con dos columnillas. En sus capiteles fueron esculpidos dos símbolos que se asemejan sospechosamente a los típicos ojos de Isis, la gran diosa egipcia. Nada raro, si tenemos en cuenta la relación directa que existe entre las iconografías y cultos a la madre de Horus y la de Jesús de Nazaret.

En el borde del precipicio que cae sobre las aguas del hoy pantano de Burgomillodo sigue existiendo un cementerio, donde muchos aspiran a pasar su último trance.

Toda la región está plagada de leyendas y hechos curiosos, como las costumbres del pueblo de Caballar, donde se conservan unos relicarios en forma de cabeza que son sumergidos en una fuente para provocar la lluvia.

En el año 1231, los seguidores de San Francisco, siempre buscando sitios donde la naturaleza se manifestara con todas sus galas, fundaron sobre las mismas aguas del río el convento de la Hoz, bajo el patronazgo de Nuestra Señora de los Ángeles. Hoy sus ruinas parecen un dibujo de aquellos que tanto gustaban a los románticos, aunque desgraciadamente terminarán por precipitarse en el lecho del río Duratón.

Lo único que podemos hacer es contemplar estos sitios con respeto, porque, aunque no nos guste, o la idea nos resulte extraña, son parte de nosotros. De nuestro pasado, y de un presente en que estamos reencontrando nuestras esencias.

«Una curiosa finca en la que surge a veces el agua de la caliza y porosa roca, y en la que sus dueños (monjes dicen que fueron en tiempos muy remotos) construyeron pasadizos, balconadas, cuevas y miradores.»

(*Brihuega, jardín de la Alcarria.* ANTONIO HERRERA CASADO. www.aache.com)

El río Tajuña va encajonado entre las faldas de las parameras alcarreñas. Si vamos hacia Cifuentes, de repente, a la izquierda, brota una impresionante cascada que arranca a la piedra todas las gamas del color verde. Hay musgos, helechos, culatrillos, y otras plantas esmeraldinas que subsisten desde tiempos inmemoriales gracias a esta cortina de lluvia. Allí se abre una cueva donde caen miles de filtraciones. A su derecha hay otra, pero en este caso está completamente seca,. Sus viejas estalactitas y coladas se están deshaciendo. Estamos en **CÍVICA** o **CEIVICA** o **CIBICA**.

Tras unos cipreses se abre un pórtico de aspecto gótico, aunque no es muy antigua. Detrás, en la caverna, se ven algunos restos que permiten deducir que allí hubo una taberna o algo parecido.

Sentimos enseguida que este lugar es muy especial. Pero sobre todo la sensación crece cuando elevamos la vista hasta una extraordinaria pared cárstica perforada con multitud de grutas con balaustradas sobre unos aterrazamientos. En la base se abren otras tres puertas parecidas a la que ya hemos visto. A la derecha una escalera conduce a la parte superior.

No hay duda. Estas cuevas fueron ocupadas en época medieval por unos desconocidos místicos de los que no tenemos memoria. Como poco sabemos también del propio enclave. Sólo hay algunas citas sueltas que dicen que aquí hubo una casa grande y una granja que fueron compradas en 1441 por los monjes jerónimos de Villaviciosa de Tajuña a su dueño, Antón Díaz, residente en Cifuentes. En otros sitios se nos habla de su origen celtíbero. Incluso el dueño de un establecimiento cercano nos cuenta que se cree que hubo allí una fábrica de papel moneda, que se fabricaría en unas piletas que andan dispersas en el monte. Las barandillas fueron colocadas por don Aurelio Pérez López, un sacerdote, hace poco.

Pocas referencias y ninguna tradición a la que hayamos podido tener acceso. Por eso aquí hay que recurrir a la intuición. Y esta nos dice que también es un lugar sagrado en forma de ciudad eremítica. ¿Quiénes lo ocuparon? Una larga lista de posibilidades: ermitaños visigodos, cenobitas medievales, sufíes de Brihuega, judíos refugiados, monjes del Temple tras su salida de Torija al disolverse la orden, agustinos dedicados a labores agrícolas aparte de sus oficios religiosos, jerónimos… Nadie lo sabe…, pero su contemplación es realmente fascinante (ver páginas 26 y 27).

Esta cascada permite que Cívica esté siempre fresca y llena de rumores. Seguro que fueron también gratos a los eremitas de sus cuevas.

Santa María de Eunate, Navarra.

ARQUITECTURAS
SAGRADAS

CON LA DENOMINACIÓN ARQUITECTURAS SAGRADAS conoceremos aquí someramente sólo dos estilos arquitectónicos, el románico y sus antecedentes, y el gótico. Aunque existen muchos otros que caben en esa denominación, estos dos se caracterizan por haber sembrado Europa de edificios sagrados que en su origen estaban orientados a ser lugares de intermediación espiritual con Dios, de los cuáles la inmensa mayoría son lugares de poder que ya lo fueron en tiempos anteriores.

EL ROMÁNICO, SILENCIO Y SENCILLEZ

Desde que empezaron a desaparecer las colosales obras del Imperio romano y se implanta un nuevo estilo que años después se llamaría románico, hay un dilatado período que, en la península Ibérica, se puede repartir entre visigodos, mozárabes y asturianos. Son los tres estilos prerrománicos.

La arquitectura de los primeros fue bastante tosca y simple, como correspondía a un pueblo constituido por tribus sometidas a frecuentes desplazamientos ocasionados por la presión del entorno. Con su incorporación al Imperio romano, adoptaron sus modos más simples y realizaron algunas aportaciones mínimas, pero genuinas, inspiradas en realidad en el arte bizantino y en una orfebrería propia bastante rica y elaborada. Emplearon la piedra, incorporando elementos característicos, como el arco peraltado, el de herradura y características bóvedas de medio punto. Toman como modelo templos cristiano-orientales, con influencias occidentales. Tienen una capilla principal de planta rectangular a la que se accede desde dos estancias claramente separadas: prótesis y diakonicón. Sus elementos ornamentales, en parte heredados de las tradiciones célticas, se basan en distintas formas geométricas y vegetales. Son ejemplos San Juan de Baños (Palencia), San Pedro de la Nave

(Zamora), Quintanilla de las Viñas (Burgos) y, según algunos autores –otros la consideran mozárabe– Santa María de Melque (San Martín de Montalbán, Toledo).

Los mozárabes o cristianos que vivieron en territorios conquistados por los musulmantes, por su parte, crearon un tipo de arquitectura que ha generado gran polémica sobre sus características reales. Es como si a los modos visigodos se hubieran incorporado elementos claramente arábigos. Podemos ver sus manifestaciones en diversos santuarios de Castilla, costa cantábrica, Toledo y Extremadura entre los siglos IX y X. Suelen construir recintos pequeños sujetos por arcos de herradura o califales. Un representante característico es San Baudelio de Berlanga (Soria), donde una columna que simula una palmera alberga una pequeña «cámara mística» en su copa, aparte de las extraordinarias pinturas de sus paredes, hoy repartidas en distintos lugares. Bajo bóvedas mozárabes, entre los años 730 y 785 se iluminó la primera versión del *Beato de Liébana* o los comentarios al *Apocalipsis*, ya mencicionado.

El arte asturiano se desarrolla en tres etapas (preramirense, ramiren-

Santa María de Melque.

San Baudelio de Berlanga.

se y postramirense). Hereda la estética visigoda, a la que añade aportaciones romanas y carolingias. De una nave se pasa a tres, que terminan en capillas rectangulares. En la cabecera de la central está la «cámara del tesoro», a la que se accede desde el exterior. Del primer período conservamos San Julián de Prados; del segundo (reinado de Ramiro I), Santa María del Naranco, San Miguel de Lillo y Santa Cristina de Lena; y del tercero (Alfonso III, el Magno), San Salvador de Valdediós.

Sobre estos tres pilares arquitectónicos se sentaron las bases del románico, que incorporó posteriormente los conocimientos de geometría sagrada adquiridos en Tierra Santa. Fueron aplicados por los gremios de canteros medievales, protegidos e instruidos probablemente por los monjes del Temple.

Los Mil Caminos de Santiago unen, como ya hemos visto, lugares de gran poder espiritual, que suelen coincidir con emplazamientos de iglesias, monasterios y ermitas cargados de simbolismo.

Santa Cristina de Lena.

Mensario en Beleña de Sorbe.

El santuario de Alto Rey.

Conoceremos algunos ejemplos del llamado románico pobre, que se desarrolló en la frontera entre cristianos y musulmanes coincidente con el Sistema Central.

En primer lugar, el pórtico de la iglesia de San Miguel, en Beleña de Sorbe constituye un verdadero tesoro simbólico gracias a su mensario medieval.

Dominada y vigilada toda la región desde el santuario templario que corona la sierra de Alto Rey, tres iglesias nos muestran otras tantas joyas románicas, Villacadima, Campisábalos y Santa Coloma de Albendiego.

La primera es de gran belleza. Está adornada con diversos motivos geométricos de influencia mozárabe. Su curiosa portada abocinada se sujeta en unos capiteles decorados con rayas, tras los que se accede a un recinto oscuro y acogedor.

En Campisábalos se conservan varias estelas de clara influencia céltica, además de un calendario algo más deteriorado que el de Beleña. Una pequeña capilla, la de San Galindo, imita a las grutas

El ábside de Santa Coloma de Albendiego es uno de los grandes tesoros del románico. En sus celosías se puede apreciar la influencia oriental de la proporción y el número.

donde se alcanza la iluminación. En su ábside, un ventanuco cubierto por el Sello de Salomón confirma su carácter mágico. Los extraños canecillos exteriores muestran actitudes grotescas.

Santa Coloma de Albendiego es una iglesia sencilla, que aparentemente no nos deparará ninguna sorpresa hasta que, rodeándola, llegamos a su ábside. Allí aparecen repentínamente unas celosías caladas, de posible origen mozárabe y clara influencia oriental, como en Río Lobos. Por ellas entra la luz dibujando en las paredes del santuario motivos geométricos que servían a los fieles como herramienta para llegar a su propio interior (mandalas). Cruces octogonales, exalfas y otros signos demuestran la gran influencia que tuvieron aquí la estética y la mística oriental. Cerca hay un tosco crucero castellano que demuestra la relación de este lugar con el Camino Jacobeo. En ellas hay talladas dos patas de oca, el símbolo con el que se identificaban a los iniciados de la ruta.

Un crucero lejos del Camino Jacobeo nos indica que las peregrinaciones al lugar santo recorrieron multitud de caminos, los Mil Caminos de Santiago.

El recinto románico está concebido como un lugar en que los hombres pueden comprender cuál es su lugar en los planes del Creador. Tanto las representaciones evangélicas y bíblicas, como los motivos geométricos, son lecciones doctrinales en piedra para unas gentes que no sabían leer ni escribir y que necesitaban tanto dar sentido a su vida y a su trabajo, como conocer sus obligaciones. La iglesia, capilla o catedral románica es una representación del cielo, del paraíso espiritual. Un lugar al que sólo se accede cumpliendo bien la misión encomendada. Estos edificios presionan la tierra con su gran peso para que, al igual que las aceitunas comprimidas derraman el tesoro del aceite que almacenan en su interior, fluyan sus energías internas acumulándose en el espacio sagrado. Luego la luz y el sonido ayudan a realizar la transmutación alquímica del hombre y lo convierten en un ser trascendente y comprometido con la voluntad de Dios.

307

El Gótico, luz y símbolo

A finales del siglo XII y principios del XIII, empieza la transición del *románico* al *gótico*, que durará hasta los últimos años del siglo XVI. Esta palabra puede traducirse de distintas maneras. Oficialmente viene de «godo o bárbaro», bautizado así despectivamente en el renacimiento, al considerar que era un estilo inferior al clásico. Los heterodoxos por su parte, siguiendo a Fulcanelli, consideran que la palabra viene de argótico, una *«lengua particular de todos los individuos que tienen interés en comunicar sus pensamientos sin ser comprendidos por los que les rodean».*

El nuevo estilo evoluciona con respecto al anterior transformando el arco de medio punto en apuntado o acuminado. Los edificios se llenan de agujas y chapiteles. Las pesadas bóvedas de medio cañón románicas son sustituidas por las de crucería, mucho más ligeras. Los vanos se cubren con tracerías caladas, que permiten pasar el aire y la luz.

En la parte exterior, los arbotantes y estribos sustituyen a los pesados contrafuertes que sujetaban las pesadas paredes de la iglesia románica. Esto permite aligerar y desmaterializar los muros con vanos que se cerrarán con bellísimas vidrieras polícromas, ganando el edifico en altura y sobre todo en liviandad.

Los edificios góticos adoptan gran multitud de formas, aunque normalmente tienen de tres a cinco naves longitudinales con coro, transepto y presbiterio. Una nueva aportación es la girola, una estructura semicircular que permite deambular por detrás del altar mayor, en la que se abren diversos tipos de capillas. Los pilares, mucho más delgados y esbeltos, se elevan prodigiosamente hasta sujetar las nervaduras de la bóveda, lo que da una gran sensación de verticalidad acentuada por los arcos apuntados.

Al contrario que en la iglesia románica, donde la escasa luz y su carácter simbólico provocaba el arrebato ascético-místico, en la

El espacio sagrado en el gótico deja de ser monacal y recogido para transformarse en una imagen del paraíso celeste, iluminado por vidrieras donde la luz se filtra a través de colores que crean un ambiente vibratorio capaz de elevar el tono espiritual de los presentes. Catedral de León.

catedral gótica se hace abundante, gracias al claristorio (un piso de ventanales que proporciona una luz casi vertical). A través de él y del amplio rosetón penetra una verdadera sinfonía lumínica que envuelve todo en una atmósfera casi irreal, como la luz beatífica del cielo. El modelo de catedral gótica es Chartres, que ya conocemos, y el mayor templo de la luz la parisina Sainte-Chapelle –de estilo rayonnant–. Ésta, cuya bóveda parece como flotando por encima de las vidrieras que llegan hasta el suelo, es un inmenso relicario para la Sagrada Corona de Espinas.

Las muros fueron aligerándose cada vez más acrecentando los vanos, que se convirtieron en membranas traslúcidas multicolores, predominando el azul oscuro y el rubí. Una nueva técnica, la grisalla –dibujos en gris sobre un cristal blanco– fue incorporando mayor cantidad de luz.

Pero lo que más destaca del gótico es su riquísimo contenido simbólico-alquímico, transformando el recinto sagrado en un verdadero tratado de magia y ocultismo.

El enigmático Fulcanelli, en *El Misterio de las Catedrales*, nos desvela sus secretos. Todo allí está al servicio de la conservación de los conocimientos que ya estaban presentes en la obra de los canteros románicos y de los alquimistas árabes y cristianos, pero transformada ahora en una biblioteca de símbolos que compendian la sabiduría de los siglos y que sólo pueden ser comprendidos por los iniciados mediante el tesón, que es constancia y voluntad. La bóveda, por ejemplo, es el punto en el que se juntan Cielo y Tierra, donde lo intrascendente se convierte en trascendente, mediante la transmutación provocada por la luz y el sonido.

El centro de los edificios góticos es la piedra angular, la clave de su estructura, pero también el de la bóveda celestial. El almacén de la quintaesencia de la existencia, el primer punto del Universo. Cada catedral tiene su laberinto, ya esté expreso, como en Chartres, o implícito, como en Burgos. Como Teseo, debemos penetrar en su

La catedral de Burgos, con su inmenso rosetón basado en un Sello de Salomón, y dus dos torres, caladas como si se tratara de una labor de ganchillo..., pero en piedra.

La Saint Chapelle, relicario de la Corona de Espinas, donde los han sido sustituidos por la luz. ¿Cómo se pudo pasar de la solidez del edificio románico, casi una caverna, a estas estructuras tan ligeras como alucinadas. La Sainte Chapelle, París.

312

interior en busca de las claves. Si lo hacemos de izquierda a derecha, alcanzamos la comunicación con nuestro inconsciente y haciéndolo al revés accedemos al consciente (DANIEL RUBIO: «Una cuestión de consciencia». *Revista GEA*, año 2000).

Es también instrumento musical, con una caja de resonancia muy particular que va cargándose poco a poco de las vibraciones originadas en rezos, responsos y ceremonias, y que se perfecciona mediante la influencia de los astros (como hemos dicho, muchas de ellas van formando en el suelo el dibujo de algunas constelaciones, como Virgo).

Los griegos, durante las representaciones dramáticas, emitían su voz ante la boca de vasijas de barro cocido o bronce, que amplificaban su voz y la dotaban de mayor profundidad. Los constructores de las catedrales góticas pusieron en zonas estratégicas de sus edificios recipientes de terracota. Estas vasijas resonantes empotradas en la pared, bóveda o en lugares concretos de los muros, más numerosas cerca del coro y del púlpito, actúan como moduladores naturales.

La piedra aquí es, más que en ningún otro sitio, acumulador de influencias cósmico-telúricas. Vibra con su propio tono fundamental, y hace vibrar todo cuanto se introduce en su interior, incluido el hombre.

EL HOMBRE, CENTRO DEL UNIVERSO

ABRAHAM T. MASLOW, psicólogo americano, nos habla del hombre y de su evolución hacia la perfección espiritual mediante un artificio: la ascensión a una especie de pirámide. En su primer escalón atiende únicamente a necesidades básicas (fisiológicas, nutricionales y reproductivas). En el segundo busca la seguridad, la protección contra el dolor. Posteriormente pretenderá ser aceptado dentro de un grupo (amor, amistad, identificación). Inmediatamente después alcanzará la autoestima, la contemplación de la propia valía. Por último, queda su propia autorrealización. Es aquí, en el vértice superior, donde se encuentra consigo mismo como ser espiritual y es consciente de su propia trascendencia. Una vez alcanzado puede emplear todo su tiempo en la búsqueda del lugar que le corresponde dentro de la Creación.

Por otra parte, comprender el gran misterio de por qué es el único ser consciente de que vive, es su tarea desde los primeros y balbucientes pasos como ente inteligente y la motivación que le ha llevado a sembrar toda la Tierra de obras que atestiguan su necesidad de permanencia.

En algunas épocas de la Historia el centro de todo era Dios (Teocentrismo), un ser incognoscible, excesivamente inmenso como para ser comprendido. Quizá un compendio de fuerzas, energías y leyes que parecen cumplirse en todos y cada uno de los puntos del Universo, al que el propio Hombre dotó de personalidad, forma y voz, muchas veces ignorando los mensajes que nacían en el rumor de su propio ser interior.

Por esta causa, el hombre ha cambiado los programas construidos por la Naturaleza durante siglos para adaptarlos y poder entender mensajes incomprensibles, que ha interpretado como la obligación de venerar, alabar o ensalzar todo lo superior mediante sus propias obras.

Frecuentemente las ha realizado en lugares donde inconscientemente ha detectado la presencia de una energía creadora y a la vez destructora, en definitiva, transformadora... transmutadora.

El resultado es una esfera que viaja, que flota en la inmensidad casi vacía del espacio repleta de puntos que son reflejo y compendio, no sólo del propio Universo, sino también del mismo Hombre.

En otras, al contrario, el antropocentrismo (el Hombre como centro de todo) ha permitido que estos programas cumplieran su función exacta: la obligación de canalizar todo flujo de energía presente en el univereso en beneficio de sí mismo.

Ambas concepciones pueden vivir simultáneamente, no son contradictorias. Tal y como dice la *Biblia*: "Dios hizo al hombre a su imagen y semejanza". Quizá porque la solución del enigma es simplemente que el ser humano es el centro del Universo, y su razón.

BIBLIOGRAFÍA

ALMAZÁN DE GRACIA, ÁNGEL: *Por tierras de Soria, La Rioja y Guadalajara*. Sotabur. Soria, 2000.

ARES, NACHO: *Un viaje iniciático por los Templos Sagrados del antiguo Egipto*. Edaf. Madrid, 2001. *Egipto el Oculto*. Corona Borealis. Madrid, 2001.

ARROYO, FERNANDO y otros: *Codex Templi*. Aguilar, 2005.

ARSUAGA, JUAN LUIS: *El collar del neandertal*. Círculo de Lectores. Barcelona, 1999. *La especie elegida*. Temas de Hoy. Barcelona, 2000.

BAIGENT, MICHAEL; LEIGH, RICHARD y LINCOLN, HENRY: *El Enigma Sagrado*. Martínez Roca. Barcelona, 2000.

BORD, JANET AND COLIN: *Ancient Mysteries of Britain*. Diamonds Books. 1986.

CASTIÑEIRAS GONZÁLEZ, MANUEL ANTONIO: *El Calendario Medieval Hispano*. Consejería de Educación y Cultura de Castilla-León, 1996.

CERAM, C. W.: *Dioses, Tumbas y Sabios*. Orbis. Barcelona, 1985.

CIRLOT, JOSÉ EDUARDO: *Diccionario de Símbolos*. Labor. Barcelona, 1988.

CUESTA MILLÁN, JUAN IGNACIO: *Breve Historia de las Cruzadas*. Nowtilus, 2005.

FERNÁNDEZ BUENO, LORENZO y VALLEJO, JUAN JESÚS: *Operación Al-Andalus*. Corona Borealis. Madrid, 2000.

FERNÁNDEZ BUENO, LORENZO: "La Luz del Pardal". *Revista Enigmas del Hombre y el Universo*. Diciembre, 1997.

FERNÁNDEZ BUENO, LORENZO (coordinador): *Gótica*. Aguilar, 2006.

FONTANA, DAVID: *El lenguaje secreto de los símbolos*. Círculo de Lectores. Barcelona, 1993.

FULCANELLI: *El Misterio de las Catedrales*. Plaza y Janés. Barcelona, 1979. *Las Moradas Filosofales*. Plaza y Janés. Barcelona, 1975.

GARCÍA ATIENZA, JUAN: *Guía de los Recintos Sagrados Españoles*. Arín. Barcelona, 1986. *Montes y Simas Sagrados de España*. Edaf. Madrid, 2000. *La meta secreta de los templarios*. Martínez Roca. Barcelona, 1988.

HERRERA CASADO, ANTONIO y TOLEDANO IBARRA, ÁNGEL LUIS: *El Desierto de Bolarque*. Aache. Guadalajara, 1992.

IRWING, WASHINGTON: *Cuentos de la Alhambra*. M. E. Editores. Madrid, 1993.

JIMÉNEZ DEL OSO, FERNANDO: *La Atlántida y otros continentes perdidos*. Madrid, 1980.

JIMÉNEZ ELÍZARI, IKER: *Fronteras de lo Imposible*. Edaf. Madrid, 2001.

KELLER, WERNER: *Y la Biblia tenía razón*. Círculo de Lectores. Barcelona, 1992.

LAWLOR, ROBERT: *Geometría Sagrada*. Ediciones del Prado, 1996.

MELÉNDEZ, BERMUDO y FUSTER, JOSÉ MARÍA: *Geología*. Paraninfo. Madrid, 1978.

MOFFIT, JOHN F.: *El Caso de la Dama de Elche, Crónica de una leyenda*. Destino, 1995.

MORENO CHICHARRO, FRANCISCO: *Caminos de Sigüenza y Atienza*. Madrid, 1976.

NÁCAR, ELOINO y COLUNGA, ALBERTO (Editores): *Sagrada Biblia*. Madrid, 1968.

PRIOR, AGUSTÍN: *Santo Domingo de la Calzada*. Cofradía de Santo Domingo de la Calzada. Madrid, 1963.

RAMPA, LOBSANG: *El Tercer Ojo*. Destino. Barcelona, 1977.

REY BUENO, MAR y otros, coordinados por PUERTO, F. J.: *Los Hijos de Hermes. Alquimia y espagiria en la terapéutica española moderna*. Corona Borealis. Madrid, 2001. *Los Amantes del Arte Sagrado*. Corona Borealis. Madrid, 2000.

RUIZ, JUAN (Arcipreste de Hita): *El Libro de Buen Amor*. Castalia. Madrid, 1995.

SIERRA, JAVIER y CALLEJO, JESÚS: *La España Extraña*. Edaf. Madrid, 1997.

SIERRA, JAVIER: *La Dama Azul*. Martínez Roca, 2000. *Las puertas templarias*. Martínez Roca. Barcelona, 2000. *En busca de la Edad de Oro*. Planeta, 2000.

TOTH, MAX y NIELSEN, GREG: *El poder mágico de las pirámides*. Martínez Roca, Barcelona, 1977.

TSÉ, LAO: *Tao Te Ching*. Edicomunicación. Barcelona, 1986.

VEGA TORNELL, RICARDO: *Historia de la Civilización*. Ramón Sopena. Barcelona, 1958.